रेख़्ता के 'दाग़'

संकलन

फ़रहत एहसास

BOOKS
राजकमल प्रकाशन

BOOKS राजकमल प्रकाशन

रेख़्ता बुक्स और राजकमल प्रकाशन प्रा.लि. का सह-प्रकाशन

रेख़्ता बुक्स
बी-37, सेक्टर - 1, नोएडा
उत्तर प्रदेश - 201301

contact@rekhta.org
www.rekhta.org
www.rajkamalprakashan.com

रेख़्ता के 'दाग़'

संकलनः फ़रहत एहसास

ISBN : 978-81-944150-4-6

प्रथम संस्करण : 2020

फ़ॉन्ट : योगेश यूनि

मुद्रक : यश प्रिन्टोग्राफ़िक्स, नोएडा

आवरण एवं पुस्तक सज्जा
नीलिमा प्र आर्यन, रेख़्ता

सहयोग राशि : ₹199

ग़ज़ल के चलते हुए चाक
की रचनात्मक रफ़्तार
के नाम

एक और नया क़दम

'रेख़्ता फ़ाउन्डेशन' का बुनियादी काम, उर्दू शाइ'री के शब्द और अर्थ की ख़ूबसूरती, रंग-रस, संगीत, स्पर्श और ज़ाइक़े को ज़ियादा से ज़ियादा लोगों तक पहुँचाना और उन्हें इसके सम्पर्क में लाना है। इसीलिए 'रेख़्ता' वेबसाइट पर, उर्दू शाइ'री को दुरुस्त पाठ और मे'यारी चयन के साथ देवनागरी और रोमन लिपियों में भी पेश किया गया, ताकि उर्दू लिपि न जानने वाले उर्दू दोस्त भी अपनी महबूब शाइ'री के रचना-संसार में दाख़िल हो सकें।

यही मक़्सद 'रेख़्ता बुक्स' की स्थापना का भी प्रेरणा-स्रोत रहा है, जो बुनियादी तौर पर उर्दू शाइ'री और उसके प्रेमियों के दर्मियान किताब का पुल बनाने का प्रकाशन-प्रॉजेक्ट है। आगे चलकर इसका दायरा बढ़ाते हुए, दीगर विधाओं, ख़ास तौर पर कथा साहित्य, आत्म-कथाओं, यात्रा-वृत्तांतों वग़ैरह को भी इस प्रॉजेक्ट का हिस्सा बनाया जाएगा।

'ग़ज़ल उसने छेड़ी' शीर्षक के तहत, अब तक की अहम उर्दू शाइ'री का एक विस्तृत संकलन देवनागरी लिपि में प्रस्तुत करने के बा'द, 'रेख़्ता हर्फ़-ए-ताज़ा सीरीज़' की सूरत में एक और पेशक़दमी की गई जो उर्दू शाइ'री की मौजूदा नई रचनात्मक संभावनाओं को रूनुमाई का मौक़ा' देने पर केंद्रित है। इसके बा'द कल और आज के स्थापित, महत्वपूर्ण और प्रतिनिधि शाइ'रों के कलाम का इन्तिख़ाब, 'रेख़्ता नुमाइन्दा कलाम सीरीज़' के नाम से, पेश करने का सिलसिला जारी किया गया। इसके तहत अब तक बहुत सी अच्छी और ज़रूरी शाइ'री पेश की जा चुकी है।

अब एक और नई पेशकश। क्लासिकी शाइ'री, जो उर्दू शाई'री का प्राण-स्रोत और रचनात्मक बुनयाद है, देवनागरी लिपि में बहुत कम उपलब्ध है। कुछ 'मीर' और 'ग़ालिब', कुछ 'ज़ौक़' और 'दाग़' और थोड़ा बहुत कुछ और। दूसरी तरफ़, पाठकों की ओर से क्लासिकी शाइ'री की तलब तेज़ी से बढ़ रही है। इस तलब को उसकी मन्ज़िल तक पहुँचाने के लिए, 'रेख़्ता क्लासिकी सीरीज़' के तहत किताबों का एक नया सिलसिला प्रस्तुत है, जिस में कोशिश होगी कि सारे महत्वपूर्ण क्लासिकी शाइ'रों का पूरा चेहरा और रंग सामने लाया जाए। उम्मीद है इस सीरीज़ को भी आपका प्रेम और क़ुबूलियत हासिल होगी।

संजीव सराफ़

संस्थापक, रेख़्ता फ़ाउन्डेशन

'दाग़' इक आदमी है गर्मागर्म

नवाब मिर्ज़ा ख़ाँ 'दाग़' देहलवी, ज़िन्दगी और उसे जीने का जश्न मनाने वाले, हमारे शायद सब से पहले शाइ'र हैं। उनकी ज़िन्दगी पर एक सरसरी नज़र ही ये मा'लूम करने के लिए काफ़ी है कि उन्हें इस दुनिया में, यहाँ की हर अच्छी चीज़ से लुत्फ़ (आनंद) लेने के लिए भेजा गया था, कुछ इस तरह कि उनके जिस्म-ओ-जान, हवास (इंद्रियों) और जज़्बात ने जो भी चाहा उन्हें हासिल हुआ। इसे 'ख़ुश-क़िस्मती' के सिवा और क्या कहा जा सकता है। नौजवानी के 12 साल उन्होंने मुग़ल साम्राज्य (मिटता हुआ और सिर्फ़ नाम का ही सही) के आख़िरी दिनों की ज़िन्दगी के मर्कज़ (केंद्र), देहली के लाल क़िले, में गुज़ारे, कोई 30 साल रियासत रामपुर की ऐ'श-ओ-इश्रत (भोग-विलास) की फ़ज़ाओं में पर्वाज़ की और आख़िरी 15 साल हैदराबाद में ज़िन्दगी का रस निचोड़ते हुए बसर की। इस दौरान उनके दिल पर नाकामी, महरूमी (वंचित होना) या किसी ज़रूरी, ग़ैर-ज़रूरी दुख-दर्द का कोई साया या दाग़-धब्बा नज़र नहीं आता।

नवाब मिर्ज़ा ख़ाँ, बहुत से और लोगों की तरह, जिस्म-ओ-हवास की लज़्ज़त-याबी (आनंद प्राप्ति) की ज़िन्दगी गुज़ार कर चले गए होते तो हमारे किसी काम के न होते। आज हम उन्हें याद कर रहे हैं तो सिर्फ़ इसलिए कि उन्होंने अपनी ज़िन्दगी के तज्रबे (अनुभव) को शाइ'री में तब्दील करके अपने आप को 'दाग़' बना दिया। और इस तरह हमें एक ऐसी शाइ'री हासिल हुई जिसने क्लासिकी शाइ'री की पूरी रिवायत (परंपरा) के सामने और उसके मुक़ाबले पर, एलान किया कि उसे काएनात (ब्रहमांड), दुनिया, इन्सानी वजूद (अस्तित्व) और हुस्न-ओ-इ'श्क़ के बारे में 'गहरी' और 'रहस्यमय' बातों से कोई

दिलचस्पी नहीं, उसे तो सिर्फ़ जिस्म, हवास और जज़्बात को ज़िन्दा, गर्म और रवाँ रखने, दिल को अच्छा लगने के तज्रबे से गुज़ारते रहने, ज़िन्दगी से लुत्फ़ लेने और लोगों को इस लुत्फ़ से हमकनार कराने से सर-ओ-कार है

'दाग़' इक आदमी है गर्मागर्म
ख़ुश बहुत होंगे जब मिलेंगे आप

'दाग़' का ये शे'र उनकी शख़्सिय्यत (व्यक्तित्व) और शाइ'री के मिज़ाज (स्वभाव) के दरवाज़े खोलने वाली चाबी है। यहाँ लफ़्ज़ गर्मागर्म, मा'नी (अर्थ) की कितनी सतहों, इ'लाक़ों और मौसमों को रौशन कर रहा है इसका अन्दाज़ा ज़बान की गहरी समझ रखने वाला कोई भी शख़्स कर सकता है। ये गर्मागर्मी, मौत के सर्द हाथों की गिरफ़्त में आने से पहले तक, 'दाग़' की ज़िन्दगी में जारी रही और उनकी शाइ'री में आज तक जारी है।

'दाग़' 25 मई 1831 को देहली के चाँदनी चौक इ'लाक़े में पैदा हुए। उनके पिता नवाब शम्सुद्दीन ख़ाँ थे और माँ थीं वज़ीर बेगम या छोटी बेगम जो देहली की हसीन-तरीन औ'रतों में शुमार होती थीं। छोटी बेगम और शम्सुद्दीन ख़ाँ की बाक़ायदा शादी नहीं हुई थी, वो उनके साथ रहती थीं। चाँदनी चौक की जिस गली में 'दाग़' पैदा हुए उसे आज 'कूचा उस्ताद दाग़' के नाम से जाना जाता है।

'दाग़' अभी चार साल के थे कि 8 अक्तूबर 1835 को, नवाब शम्सुद्दीन ख़ाँ देहली के रेज़िडेंट विलियम फ़्रेजर के क़त्ल के इल्ज़ाम में फाँसी पर चढ़ा दिए गए। इस घटना के बा'द, नवाब का सारा ख़ानदान अंग्रेज़ हुकूमत के प्रकोप का शिकार हो गया, जिससे बचने के लिए

'दाग़' की माँ ने उन्हें अपनी बड़ी बहन 'उ'म्दा ख़ानम' के हवाले कर दिया जो नवाब यूसुफ़ अ'ली ख़ाँ (जो बा'द में रामपुर के नवाब बने) से संबंधित थी। उ'म्दा ख़ानम ने अपने भाँजे को गोद ले लिया और उन्हें अपने साथ रामपुर ले गईं। 1844 में मुग़ल शहज़ादे मिर्ज़ा मोहम्मद सुल्तान उ'र्फ़ मिर्ज़ा फ़ख़्रू, जो युवराज भी थे, छोटी बेगम पर आ'शिक़ हो गए। कहा जाता है कि शहज़ादे ने अपने मा'शूक़ की तस्वीर, मशहूर शाइ'र और अपने उस्ताद शेख़ इब्राहीम 'ज़ौक़' को दिखा कर उनसे स्वीकृति चाही तो उस्ताद ने छोटी बेगम के बारे में कुछ बुरी बातें कह कर उन्हें इस तअ'ल्लुक़ से रोकना चाहा, मगर मिर्ज़ा फ़ख़्रू ने आख़िर उनसे शादी कर ली और वो लाल क़िले पहुँच गईं। बा'द में उन्होंने 'दाग़' को भी अपने पास बुला लिया।

'दाग़' तेरह-चौदह साल की कच्ची उ'म्र में लाल क़िले की तिलिस्मी दुनिया में दाख़िल हुए जिसे उस वक़्त का कोई आ'म आदमी ख़्वाब के सिवा और कहीं नहीं देख सकता था। लाल क़िले में उनकी शिक्षा वहाँ के रिवाज के मुताबिक़ शुरूअ' हुई और उन्हें अ'रबी, फ़ारसी के साथ तीर-अन्दाज़ी, बंदूक़बाज़ी, घुड़सवारी जैसी कलाओं की ता'लीम (शिक्षा) भी दी गई।

लाल क़िला उस वक़्त मुग़ल साम्राज्य के जाह-ओ-जलाल (शक्ति और रो'ब) की आख़िरी बहार देख रहा था। आख़िरी मुग़ल सम्राट, बहादुर शाह ज़फ़र, सिर्फ़ नाम के सम्राट थे जिनकी हुकूमत अब 'दिल्ली से पालम' तक भी नही बल्कि क़िले तक ही रह गई थी। लेकिन अंग्रेज़ों के वज़ीफ़े पर निर्भर होने के बावजूद वो अपने आप को सम्राट ही समझते थे और उनकी सुब्ह से शाम और शाम से सुब्ह तक की ज़िन्दगी इसी भ्रम को हक़ीक़त का लिबास देने में गुज़र रही थी। ऐसे माहौल

में पर्वरिश पाने वाले किशोर 'दाग़' ने, लाल क़िले की ज़िन्दगी से तीन ख़ास असरात जज़्ब किए। एक तो मुक़्तदर (सत्तामय) और आ'म लोगों से अलग और ऊपर होने का एहसास। दूसरे किसी भी तरह की महरूमी (वंचित होना) से दूर, ज़िन्दगी को भोगने की प्रवृत्ति और तीसरे उर्दू ज़बान की ठेठ सूरत से परिचय। लाल क़िले की ज़िन्दगी, तरह तरह की खुली डली और बे-बंद औ'रतों की मौजूदगी के सबब, मर्दाना जिस्म को जगाने और लज़्ज़तों के तमाम मुम्किन रास्तों से गुज़रने के मौक़े' देती थी। 'दाग़' ने भी इन मौक़ों' का फ़ायदा उठाया होगा जिसने उनके हवास (इंद्रियों) और एहसास (भाव) को एक ख़ास रवानी देने में महत्वपूर्ण भूमिका अदा की। लाल क़िले के माहौल ने ही 'दाग़' की मिट्टी में शाइ'री के बीज डाले जो बहुत जल्द अंकुरित हो गए। मिर्ज़ा फ़ख़्रू ने उन्हें 'दाग़' तख़ल्लुस (उपनाम) दिया और फिर शेख़ इब्राहीम 'ज़ौक़' की उस्तादी में दे दिया। इसके बा'द 'दाग़' की शाइ'री भी उनके जिस्म, हवास और जज़्बात की तरह तेज़ी से फलने-फूलने लगी। ज़बान और उसके मुहावरे पर उनकी गिरफ़्त, अपने जिस्म और उसके मुहावरे पर उनकी गिरफ़्त के साथ ही मज़्बूत से मज़्बूत-तर होती गई और जल्द ही क़िले और शहर के मुशाइ'रों में अपनी धाक बिठाने लगी। 'जल्वः-ए-दाग़' ('दाग़' की जीवनी) के लेखक अहसन मारहरवी का कहना है कि 'दाग़' ने पहली बार नवाब मुस्तफ़ा ख़ाँ शेफ़्ता के मुशाइ'रे में अपनी ग़ज़ल पढ़ी जिसका मत्ला (पहला शे'र) था:

शरर-ओ-बर्क़ नहीं शो'ला-ओ-सीमाब नहीं
किस लिए फिर ये ठहरता दिल-ए-बेताब नहीं

(शररः चिंगारी, बर्क़ः बिजली, सीमाबः पारा)

इस मत्ले ने 'दाग़' को शाइ'र के तौर पर हमेशा के लिए स्थापित कर दिया, एक ऐसे शाइ'र के तौर पर जिसने कम-उ'म्री में

ही तबीअ'त के एक नए बहाव और ज़बान पर ज़बरदस्त गिरफ़्त का एलान कर दिया था। 'दाग़' की शाइ'री देहली के अदबी (साहित्यिक) माहौल पर बिजली बन कर गिरी और आग की तरह फैलने लगी। मिर्ज़ा ग़ालिब, मोमिन ख़ाँ 'मोमिन', मुस्तफ़ा ख़ाँ 'शेफ़्ता', इमाम बख़्श सहबाई और दीगर तमाम महत्वपूर्ण शाइ'रों ने उन्हें उर्दू शाइ'री के भविष्य की रौशनी के तौर पर क़ुबूल किया। ये आग इतनी तेज़ी से फैली कि एक मुशाइरे में, 'दाग़' की ग़ज़ल के शो'ले, उनके उस्ताद शेख़ इब्राहीम 'ज़ौक़' को, अपनी शाइ'री और शोहरत का घर जलाते हुए महसूस हुए। मिर्ज़ा ग़ालिब, जो 'दाग़' के रिश्तेदार भी थे, इस नौजवान शाइ'र को बहुत पसन्द करते थे। 1854 में 'ज़ौक़' के चले जाने के बा'द 'दाग़', मिर्ज़ा ग़ालिब के बहुत क़रीब आ गए, जो उन्हें अपने घर बुलाते, उनके साथ शतरन्ज खेलते और उनसे अपनी ग़ज़लों पर ग़ज़लें कहलवाते और ख़ुश होते थे। 'दाग़' की ज़बान के बारे में 'ग़ालिब' का कहना था कि ''ऐसी उ'म्दा है कि क्या किसी की होगी। ज़ौक़ ने उर्दू को अपनी गोद में पाला था, दाग़ इस को न सिर्फ़ पाल रहा है बल्कि ता'लीम दे रहा है।''

1856 में मिर्ज़ा फ़ख़रू चल बसे जिसके बा'द 'दाग़' और उनकी माँ का क़िले में रहना मुम्किन न रहा और वो शहर के अपने पुराने मकान में आ गए। कुछ दिन बाद 1857 के हंगामों का सिलसिला चल पड़ा जिसके दौरान वो देहली ही में रहे। हालात ने कुछ संभाला लिया तो 'दाग़' रामपुर चले गए जहाँ नवाब युसुफ़ हुसैन ख़ाँ ने उन्हें अपने पास रखा मगर बाक़ायदा नौकरी का सिलसिला 1866 में शुरूअ' हुआ, जब नवाब कल्ब-ए-अ'ली ख़ाँ ने उन्हें अस्तबल और दीगर विभागों की देखभाल का काम सौंपा। 'दाग़' 1887 में नवाब के देहांत तक रामपुर रहे, मगर इसके बा'द उनका वहाँ रहना मुश्किल हो गया। उन्होंने जल्द

ही रामपुर से अपना सामान समेटा और कई जगहों की ख़ाक छानने के बा'द अप्रैल 1888 में हैदराबाद पहुँचे। अगर्चे उनका नाम, उनसे पहले ही हैदराबाद पहुँच चुका था मगर निज़ाम के दरबार तक पहुँचने में उन्हें तक़रीबन साढ़े तीन साल लग गए। लेकिन इस इन्तिज़ार के बा'द उन्हें जो कुछ मिला वो किसी ख़्वाब से कम न था। 6 फ़रवरी 1891 को रात 9 बजे निज़ाम की ग़ज़ल उनके पास इस्लाह (सुधार, त्रुटियों को दूर करना) के लिए आई या'नी उन्हें निज़ाम हैदरबाद के उस्ताद के पद पर नियुक्त कर लिया गया। जल्द ही उन्हें 450 रूपए माहाना मिलने लगे जो बढ़ते बढ़ते हज़ार रूपए माहाना तक जा पहुँचे। ये सिलसिला 1905 में 'दाग़' के देहांत तक जारी रहा।

'दाग़' हैदराबाद में बड़े ठाठ-बाट और ऐ'श-ओ-आराम से रहे। इन 14 बरसों में उनकी हुस्न-परस्ती (सौंदर्य-पूजा) और आ'शिक़-मिज़ाजी ने नई नई ज़मीनें और आस्मान तलाश किए। कई तवाइफ़ें तो बाक़ायदा उनकी नौकरी में रहीं और कइयों के साथ निगाह-बाज़ी और दिल-नवाज़ी के रिश्ते रहे। ये 'दाग़' की उ'म्र के ढलान के दिन थे मगर उनके जज़्बात की तुन्दी और तेज़ी वैसी ही बरक़रार थी। इसी ज़माने में कलकत्ते की मशहूर तवाइफ़, मुन्नी बाई 'हिजाब' जो शे'र भी कहती थीं, भी हैदराबाद आ कर उनके पास रहीं। 'हिजाब' जिन पर वो रामपुर के दिनों में ही दिल-ओ-जान लुटा चुके थे उनकी पहली और आख़िरी मा'शूक़ थीं, इस मा'नी में कि सिर्फ़ उनके साथ ही उनका ऐसा तअ'ल्लुक था जिसे उन्होंने थोड़ा बहुत अपने दिल पर लिया था। 'दाग़' को मोहब्बत में रोना-तड़पना नहीं आता था। वो सिर्फ़ ख़ुश होना जानते थे मगर 'हिजाब' के मुआ'मले में उनका ये मिज़ाज अपनी ज़मीन छोड़ता नज़र आता है, यहाँ तक कि वो उनसे शादी के लिए भी राज़ी हो गए थे, जो ज़ाहिर है नहीं हो सकी। लेकिन इसके बावजूद उन्हें ज़िन्दगी

से न कोई शिकायत हुई, न किसी महरूमी का एहसास हुआ। उन्होंने अपनी आख़िरी साँस ली तो वो अपनी ज़िन्दगी से पूरी तरह मुतमइन (संतुष्ट) थे, कि उन्हें मा'लूम था कि वो शाइ'री, जो उनकी अस्ल कमाई है उन्हें हमेशा ज़िन्दा रखेगी।

मीर तक़ी 'मीर' के बा'द, 'दाग़' देहलवी ही वो शाइ'र हैं जिन्होंने एक ज़बान की हैसियत से उर्दू की अपनी अलग पहचान और सत्ता स्थापित करने का कारनामा अन्जाम दिया। उनका ये शे'र

कहते हैं उसे ज़बान-ए-उर्दू
जिसमें न हो रंग फ़ारसी का

फ़ारसी (और अ'रबी) के मुक़ाबले में, उर्दू की ख़ुद-मुख़्तारी (स्वाधीनता) का एलान करता हँ। 'दाग़' की शाइ'री, उर्दू की इसी ख़ुद-मुख़्तारी का रौशन सुबूत है। ये शे'र उर्दू को हिन्दोस्तानियत का एलान भी है कि फ़ारसी पर निर्भरता ख़त्म होने से, उर्दू पूरी तरह संस्कृत से हासिल होने वाली अपभ्रंशों पर आधारित हो गई जिन्होंने उसे उसके निर्माण की बुनियादी ज़मीन फ़राहम (उपलब्ध) की है।

'मीर' साहब को शाइ'रों का शाइ'र कहा जाता है। 'दाग़' भी इस मा'नी में शाइ'रों के शाइ'र हैं कि उर्दू का साफ़ और रवाँ मिस्रा' कहना जैसा 'दाग़' सिखा सकते हैं वैसा और किसी से मुम्किन नहीं। आप 'दाग़' की शाइ'री के एक बड़े हिस्से से दामन बचा सकते हैं मगर उनकी उर्दू से नहीं बच सकते। यही उनकी सबसे बड़ी ताक़त और आज तक ज़िन्दा रहने का सबब है।

फ़रहत एहसास

फ़ेहरिस्त

ग़ज़लें

अच्छी सूरत पे ग़ज़ब टूट के आना दिल का
याद आता है हमें हाय ज़माना दिल का

तुम भी मुंह चूम लो बे-साख़्ता[1] प्यार आ जाए
मैं सुनाऊँ जो कभी दिल से फ़साना दिल का

1 अनायास

पूरी मेंहदी भी लगानी नहीं आती अब तक
क्योंकर आया तुझे ग़ैरों[1] से लगाना दिल का

1 रक़ीबों, मा'शूक़ के अन्य आ'शिक़

ग़ुन्चा-ए-गुल[1] को वो मुट्ठी में लिए आते थे
मैं ने पूछा तो किया मुझ से बहाना दिल का

1 फूल की कली

इन हसीनों का लड़कपन ही रहे या अल्लाह
होश आता है तो आता है सताना दिल का

दे ख़ुदा और जगह सीना-ओ-पहलू के सिवा
कि बुरे वक़्त में हो जाए ठिकाना दिल का

बा'द मुद्दत के ये ऐ 'दाग़' समझ में आया
वही दाना[1] है कहा जिस ने न माना दिल का

1 बुद्धिमान

(महताब-ए-दाग़)

अ'र्श[1]-ओ-कुर्सी[2] प क्या ख़ुदा मिलता
आगे बढ़ते तो कुछ पता मिलता
1 आस्मान 2 आठवाँ आस्मान जहाँ ख़ुदा रहता है

ज़र[1] मिला घर मिला ग़ुलाम मिला
मैं न मिलता तो तुमको क्या मिलता
1 सोना, दौलत

ग़ैर[1] से मिल के क्या लिया तुमने
हमसे मिलते तो कुछ मज़ा मिलता
1 रक़ीब, मा'शूक़ का अन्य आ'शिक़

आ'शिक़ी से मिलेगा ऐ ज़ाहिद[1]
बन्दगी से नहीं ख़ुदा मिलता
1 धर्म परायण व्यक्ति

इक न इक हम लगाए रखते हैं
तुम न मिलते तो दूसरा मिलता

रोज़ इक दिल्लगी नई होती
रोज़ इक दिल मुझे नया मिलता

तुम को ये मिल गया है क़िस्मत से
'दाग़' सा वर्ना दूसरा मिलता

(महताब-ए-दाग़)

❁

ग़म उस पर आश्कार[1] किया हमने क्या किया
ग़ाफ़िल[1] को होश्यार किया हमने क्या किया
1 प्रकट 2 बेख़बर

हाँ हाँ तड़प-तड़प के गुज़ारी तुम्हीं ने रात
तुमने ही इन्तिज़ार किया हमने क्या किया

इतरा रहा है नक़्द-ए-मोहब्बत[1] प दिल बहुत
अच्छे को मालदार किया हमने क्या किया
1 प्रेम-धन

कहते हैं वो शिकायत-ए-बेदाद-ओ-जौर[1] पर
तुझको ख़ुदा ने ख़्वार[2] किया हमने क्या किया
1 अत्याचार की शिकायत 2 अपमानित

नासेह[1] भी है रक़ीब[2] ये मा'लूम ही न था
किसको सलाह-कार किया हमने क्या किया
1 उपदेशक 2 प्रति द्वंद्वी, मा'शूक़ का अन्य आ'शिक़

पहले तो मुन्फ़इ'ल[1] वो हुए फिर बिगड़ गए
क्यों शिक्वा[2] बार बार किया हमने क्या किया
1 लज्जित 2 शिकायत

रुस्वा[1] किया जो दिल ने तो अब कह रहे हैं 'दाग़'
दुश्मन को राज़दार किया हमने क्या किया
1 बदनाम

(महताब-ए-दाग़)

वो इस अदा से वहाँ जा के शर्मसार आया
रक़ीब[1] पर मुझे बे-इख़्तियार[2] प्यार आया
1 मा'शूक़ के अन्य आ'शिक़ 2 सहसा

ये हाल था शब-ए-वा'दा[1] कि ता-ब-राहगुज़र[2]
हज़ार बार गया मैं हज़ार बार आया
1 मिलने के वा'दे की रात 2 रास्ते तक

तिरा ही कूचा[1] ठिकाना है ख़ाकसारों[2] का
जो ज़िन्दा आ न सका मैं मिरा ग़ुबार[3] आया
1 गली 2 साधारण, गिरे पड़े लोग 3 उड़ती धूल

मज़े उड़ाए वहाँ ख़ुश रहा लिया इन्आ'म[1]
यहाँ जो नामाबर[2] आया तो अश्कबार[3] आया
1 पुरस्कार 2 पत्रवाहक 3 रोता हुआ

गुज़र गए इसी गर्दिश[1] में अपने लैल-ओ-नहार[2]
शब-ए-फ़िराक़[3] गई रोज़-ए-इन्तिज़ार[4] आया
1 चक्कर, विपत्तियाँ 2 रात और दिन 3 जुदाई की रात 4 इन्तिज़ार का दिन

उड़ाए हैं मलक-उल-मौत[1] ने भी तेरे ढंग
हज़ार बार बुलाया तो एक बार आया
1 यमदूत

ख़ुदा के वास्ते झूठी न खाइए क़स्में
मुझे यक़ीन हुआ मुझको ऐ'तिबार[1] आया
1 विश्वास, भरोसा

कहाँ थे शब को तुम्हें कुछ खबर भी कि नहीं
कोई पुकारने वाला बहुत पुकार आया

कमाल-ए-इ'श्क़[1] को फ़र्हाद-ओ-क़ैस[2] कब पहुँचे
वो पुख़्ता-कार[3] है दिल जिसका बार बार आया

1 प्रेम की पराकाष्ठा 2 प्रेम कहानियों के नायक 3 अनुभवी, निपुण

वो क्यों हुए मिरे मुश्ताक़[1] ख़ैर[2] हो या रब[3]
तलब में कल ही ख़त आया था आज तार आया

1 इच्छुक, अभिलाषी 2 कुशल-मंगल 3 भगवान

पिला दे आज सर-ए-शाम[1] मुझको ऐ साक़ी[2]
कि तेरी बज़्म[3] में इक मैं ही रोज़ादार[4] आया

1 शाम होते ही 2 शराब पिलाने वाला 3 महफ़िल 4 जिसने रोज़ा रखा हो

डरे जो हश्र[1] में वो मुझको देखते ही कहा
मिरा रफ़ीक़[2] मिरा 'दाग़'-ए-जाँ-निसार[3] आया

1 प्रलय 2 दोस्त 3 जान निछावर करने वाला

(महताब-ए-दाग़)

दिल मुकद्दर[1] मुदाम[2] का निकला
कब ये आईना काम का निकला
1 धुंधला, गदला 2 हमेशा, सदैव

बहस थी मयकशी[1] में ज़ाहिद[2] से
उ'ज़्र[3] माह-ए-सियाम[4] का निकला
1 शराब पीना 2 धर्म परायण व्यक्ति 3 बहाना 4 रमजान का महीना

ये सुना है कि अब वो हरजाई
सुब्ह आता है शाम का निकला

दिल के मिलने की फिर उमीद नहीं
ये अगर उसके काम का निकला

वाह क्या क्या तिरी मोहब्बत में
हौस्ला ख़ास-ओ-आ'म[1] का निकला
1 विशिष्ट और साधारण लोग

सच तो ये है कि आ'शिक़ी में 'दाग़'
एक ही अपने नाम का निकला

(महताब-ए-दाग़)

तुझे नामाबर[1] क़सम[2] है वहीं दिन से रात करना
कोई एक बात पूछे तो हज़ार बात करना

1 पत्र वाहक 2 सौगन्ध

नहीं और ख़ौफ़[1] क़ासिद[2] मगर एक बात का है
जो रक़ीब[3] भी वहाँ हो बहुत इल्तिफ़ात[4] करना

1 डर 2 पत्रवाहक 3 मा'शूक़ का अन्य आ'शिक़, प्रतिद्वंद्वी 3 प्रेम, स्नेह

वो हो तेज़-रौ[1] न पाए कोई तुमको हज़रत-ए-दिल[2]
रह-ए-दोस्त में जो चलना तो हवा को मात करना

1 तेज़ चलने वाला 2 श्रीमान दिल

मिरे दिल की क़ीमत इतनी न बढ़ाओ कौन लेगा
जो तुम्हें न जानता हो ये उसी से घात करना

निकल आएँगे वो बाहर वहीं शोर सुन के ऐ दिल
कभी उनके के घर प जाकर कोई वारिदात[1] करना

1 घटना, कांड, शरारत

वो करीम[1] क्या नहीं है वो रहीम[2] क्या नहीं है
कभी 'दाग़' भूल कर भी न ग़म-ए-निजात[3] करना

1,2 दयावान 3 मुक्ति, मोक्ष की चिंता

(महताब-ए-दाग़)

❀

शौक़ है उसको ख़ुद-नुमाई[1] का
अब ख़ुदा हाफ़िज़[2] इस ख़ुदाई[3] का

1 आत्म-प्रदर्शन 2 संरक्षक 3 सृष्टि, दुनिया

हँसी आती है अपने रोने पर
और रोना है जग-हँसाई का

और तो हमको कुछ नहीं आता
काम करते हैं आश्नाई[1] का

1 दोस्ती करना, आ'शिक़ी

दिल तिरा साफ़ हो नहीं सकता
हेच[1] है महकमा[2] सफ़ाई का

1 तुच्छ 2 विभाग

बुतकदे[1] की जो सैर की हमने
कारख़ाना है इक ख़ुदाई का

1 मंदिर

गर्चे[1] पहुँचा हूँ मैं कहीं से कहीं
मर्हला[2] दूर है रसाई[3] का

1 यद्दपि 2 पड़ाव 3 पहुँच

न रहा लुत्फ़[1] इस ज़माने में
मीरज़ा 'दाग़' मीरज़ाई[2] का

1 मजा, आनंद 2 सत्ताधारी / प्रतिष्ठित होना

(महताब-ए-दाग़)

❀

छोड़ता मुझको न बिस्मिल[1] वो मगर छोड़ दिया
सर प एहसान रहे इस लिए सर छोड़ दिया

1 ज़ख़्मी

टुकड़े टुकड़े किया नासेह[1] का गरेबाँ मैंने
शुक्र[2] है उसने मिरा दामन-ए-तर[2] छोड़ दिया

1 उपदेशक 2 धन्यवाद 3 भीगा दामन

काम सब ख़ाना-ख़राबी[1] के हुए हैं तुझ से
रह्म[2] खा कर तुझे ऐ दीदा-ए-तर[3] छोड़ दिया

1 घर बर्बाद करना 2 दया 3 भीगी आँख

फिर कहाँ था न यहाँ था न वहाँ था वो शोख़[1]
दामन उसका जो सर-ए-राहगुज़र[2] छोड़ दिया

1 चंचल / मा'शूक़ 2 रास्ते में

ले गई थी तिरे दीवाने को घर से वहशत[1]
नहीं मा'लूम कि जंगल में किधर छोड़ दिया

1 दीवानगी

'दाग़'-ए-वारफ़्ता-तबीअ'त[1] का ठिकाना क्या है
ख़ाना-बर्बाद[1] ने मुद्दत हुई घर छोड़ दिया

1 ख़ुद को भूला हुआ 2 अपना घर बर्बाद करने वाला

(महताब-ए-दाग़)

❁

फिर देखते ऐ'श[1] आदमी का
बनता जो फ़लक[2] मिरी ख़ुशी का

1 आनंद 2 आस्मान

गुलशन[1] में तिरे लबों[2] ने गोया[3]
रस चूस लिया कली कली का

1 बाग़ 2 होठों 3 जैसे

तेरा भी तो हुस्न[1] है दग़ा-बाज़[2]
होता ही नहीं कोई किसी का

1 सौंदर्य 2 धोखा देने वाला

इतनी ही तो बस कसर[1] है तुम में
कहना नहीं मानते किसी का

1 कमी

हम बज़्म[1] में उनकी चुपके बैठे
मुंह देखते हैं हर आदमी का

1 महफ़िल

तुम कूचा-ए-ग़ैर[1] में न जाना
उस राह में है गुज़र[2] किसी का

1 रक़ीब की गली 2 आना-जाना

किस किस ने लिए हैं तेरे बोसे[1]
है ला'ल[2]-ए-नमक-फ़िशाँ[3] जो फीका

1 चुंबन 2 लाल पत्थर (होंठ) 3 जिससे नमक झड़ता हो

जो दम[1] है वो है बसा[2] ग़नीमत[3]
सारा सौदा[4] है जीते जी का
1 साँस, पल 2 बहुत 3 पर्याप्त 4 दीवानगी, काम

आग़ाज़[1] को कौन पूछता है
अन्जाम[2] अच्छा हो आदमी का
1 आरंभ 2 अंत

रोकें उन्हें क्या कि है ग़नीमत
आना जाना कभी कभी का

कहते हैं उसे ज़बान-ए-उर्दू
जिस में न हो रंग फ़ारसी का

ऐसे से जो 'दाग़' ने निबाही
सच है कि ये काम था उसी का

(महताब-ए-दाग़)

❋

ग़ज़ल मुस्तज़ाद

जब उनसे हाल-ए-दिल-ए-मुब्तला[1] तो कहा बचाए तुझसे ख़ुदा
कुछ और उसके सिवा मुद्दआ'[2] कहा तो कहा हमारी जाने बला

1 प्रेम-ग्रस्त दिल का हाल 2 मत्लब की बात

कहा जो उनसे कि हो सर से पाँव तक बे-ऐ'ब[1] तो बोले वो लारैब[2]
दग़ा-शिआ'र[3]-ओ-सितम-आश्ना[4] कहा तो कहा मिलेगी तुझको सज़ा

1 दोष-रहित 2 निःसंदेह 3 धोखा देने वाला 4 अत्याचारी

ग़म-ए-फ़िराक़[1] सुनाया तो सुन के फ़रमाया[2] हमें न रह्म[3] आया
रक़ीब[4] का जो ज़रा माजरा[5] कहा तो कहा यूँ ही सही तुझे किया

1 विरह-दुख 2 कहा 3 दया 4 मा'शूक़ का अन्य आ'शिक़ 5 कहानी

न दिल-दही[1] है न आ'शिक़ की जाँ-नवाज़ी[2] है ये बे-नियाज़ी[3] है
अ'ज़ाब-ए-पुर्सिश-ए-रोज़-ए-जज़ा[4] कहा तो कहा हमें नहीं पर्वा[5]

1 दिलासा देना 2 कृपा करना 3 निस्पृहता 4 प्रलय के दिन पूछताछ की यातना 5 चिंता

ख़ुदा के बन्दों पर ऐसा सितम[1] रवा[2] न करो जरा ख़ुदा से डरो
किसी ग़रीब ने बा-इल्तिजा[3] कहा तो कहा किसी को क्यों चाहा

1 अत्याचार 2 उचित ठहराना 3 याचना के साथ

शरीर-ओ-शोख़[1] है वो 'दाग़' ये तो है ज़ाहिर[2] अ'बस[3] हुए तर-भर[4]
किसी ने छेड़ से तुमको बुरा कहा तो कहा कि छेड़ का है मज़ा

1 चंचल 2 प्रकट, विदित 3 बेकार 4 परेशान

(महताब-ए-दाग़

इधर देख लेना उधर देख लेना
कन-अँखियों से उसको मगर देख लेना

कहीं ऐसे बिगड़े सँवरते भी देखे
न आएँगे वो राह पर देख लेना

मोहब्बत के बाज़ार में और क्या है
कोई दिल दिखाए अगर देख लेना

मिरे सामने ग़ैर[1] से भी इशारे
उधर भी इधर देख कर देख लेना

1 रक़ीब

तमाशा-ए-आ'लम[1] की फ़ुर्सत है किसको
ग़नीमत[1] है बस इक नज़र देख लेना

1 दुनिया का तमाशा 2 प्रर्याप्त, ठीक, अच्छा

दिए जाते हैं आज कुछ लिख के तुमको
इसे वक़्त-ए-फ़ुर्सत[1] मगर देख लेना

1 ख़ाली वक़्त में

जलाया तो है 'दाग़' के दिल को तुम ने
मगर इस का होगा असर देख लेना

(महताब-ए-दाग़)

इन आँखों ने क्या क्या तमाशा न देखा
हक़ीक़त[1] में जो देखना था न देखा
1 वस्तुतः, सच

तुझे देख कर वो दुई[1] उठ गई है
कि अपना भी सानी[2] न देखा न देखा
1 द्वैत, अलगाव 2 अपने जैसा दूसरा

न हिम्मत न क़िस्मत[1] न दिल है न आँखें
न ढूँडा न पाया न समझा न देखा
1 भाग्य

वो कब देख सकता है उस की तजल्ली[1]
जिस इन्सान ने अपना जल्वा[2] न देखा
1,2 होना, रौशनी

बहुत शोर सुनते थे इस अन्जुमन[1] का
यहाँ आ के जो कुछ सुना था न देखा
1 महफ़िल

गया कारवाँ छोड़ कर मुझको तन्हा[1]
ज़रा मेरे आने का रस्ता न देखा
1 अकेला

तिरी याद है या है तेरा तसव्वुर[1]
कभी 'दाग़' को हमने तन्हा न देखा
1 कल्पना

(यादगार-ए-दाग़)

बाक़ी जहाँ[1] में क़ैस[2] न फ़र्हाद[3] रह गया
अफ़्साना[4] आ'शिक़ों का फ़क़त[5] याद रह गया

1 संसार 2 मज्नूँ का नाम 3 प्रेम कथा का एक नायक 4 कहानी 5 केवल

पाबन्दियों[1] ने इ'श्क़ की बेकस[2] रखा मुझे
मैं सौ असीरियों[3] में भी आज़ाद रह गया

1 बाध्यताएँ 2 लाचार 3 क़ैद होना

चश्म-ए-सनम[1] ने यूँ तो बिगाड़े हज़ार घर
इक का'बा[2] चन्द रोज़ को आबाद रह गया

1 मूर्ति / मा'शूक़ की आँख 2 जहाँ हज किया जाता है

महशर[1] में जा-ए-शिक्वा[2] किया शुक्र[3] यार का
जो भूलना था मुझको वही याद रह गया

1 प्रलय 2 शिकायत की जगह 3 कृतज्ञता दिखाना

पुर-नूर[1] हो रहेगा ये ज़ुल्मत-कदा[2], अगर
दिल में बुतों का शौक़-ए-ख़ुदा-दाद[3] रह गया

1 रौशन 2 अंधेरा घर 3 ख़ुदा की दी हुई चाहत

यूँ आँख उनकी कर के इशारा पलट गई
गोया[1] कि लब[2] से हो के कुछ इर्शाद[3] रह गया

1 जैसे 2 होंठ 3 कहना

ऐ 'दाग़' दिल ही दिल में घुले ज़ब्त-ए-इ'श्क़[1] से
अफ़्सोस शौक़-ए-नाला-ओ-फ़र्याद[2] रह गया

1 प्रेम में संयम बरतना 2 रो रो कर दुहाई देने की चाहत

(गुलज़ार-ए-दाग़)

तुम्हारे ख़त में नया इक सलाम किसका था
न था रक़ीब[1] तो आख़िर वो नाम किसका था

1 मा'शूक़ का अन्य आ'शिक़

वो क़त्ल करके मुझे हर किसी से पूछते हैं
ये काम किसने किया है ये काम किसका था

वफ़ा करेंगे निबाहेंगे बात मानेंगे
तुम्हें भी याद है कुछ ये कलाम[1] किसका था

1 बात, शाइ'री

रहा न दिल में वो बेदर्द और दर्द रहा
मुक़ीम[1] कौन हुआ है मक़ाम[2] किसका था

1 ठहरने वाला 2 जगह

तमाम बज़्म जिसे सुन के रह गई मुश्ताक़[1]
कहो वो तज़्किरा-ए-ना-तमाम[2] किसका था

1 उत्सुक 2 अधूरी चर्चा

हमें तो हज़रत-ए-वाइ'ज़[1] की ज़िद ने पिलवाई
यहाँ इरादा-ए-शुर्ब-ए-मुदाम[2] किसका था

1 माननीय धर्म उपदेशक 2 सदैव पीने का इरादा

हर इक से कहते हैं क्या 'दाग़' बेवफ़ा निकला
ये पूछे उनसे कोई वो ग़ुलाम किसका था

(महताब-ए-दाग़)

❁

जो हो सकता है उससे वो किसी से हो नहीं सकता
मगर देखो तो फिर कुछ आदमी से हो नहीं सकता

मोहब्बत में करे क्या कुछ किसी से हो नहीं सकता
मिरा मरना भी तो मेरी ख़ुशी से हो नहीं सकता

अलग करना रक़ीबों[1] का इलाही[2] तुझ को आसाँ[3] है
मुझे मुश्किल कि मेरी बेकसी[4] से हो नहीं सकता

1 मा'शूक़ के अन्य आ'शिक़, प्रतिद्वंद्वी 2 या ख़ुदा 3 आसान 4 लाचारी

किया है वा'दा-ए-फ़र्दा[1] उन्होंने देखिए क्या हो
यहाँ सब्र-ओ-तहम्मुल[2] आज ही से हो नहीं सकता

1 कल आने का वा'दा 2 धैर्य

ये मुश्ताक़-ए-शहादत[1] किस जगह जाएँ किसे ढूँडें
कि तेरा काम क़ातिल जब तुझी से हो नहीं सकता

1 जान देने को आतुर लोग

न रोना है तरीक़े का न हँसना है सलीक़े का
परेशानी में कोई काम जी से हो नहीं सकता

ख़ुदा जब दोस्त है ऐ 'दाग़' क्या दुश्मन से अंदेशा[1]
हमारा कुछ किसी की दुश्मनी से हो नहीं सकता

1 ख़तरा, चिंता

(गुलज़ार-ए-दाग़)

❋

ख़ातिर[1] से या लिहाज़[2] से मैं मान तो गया
झूटी क़सम से आप का ईमान[3] तो गया

1 दिल, सम्मान, सत्कार 2 दिल रखने के लिए 3 आस्था, धर्म

दिल ले के मुफ़्त कहते हैं कुछ काम का नहीं
उल्टी शिकायतें हुईं एहसान[1] तो गया

1 भलाई, नेकी

डरता हूँ देख कर दिल-ए-बे-आरज़ू[1] को मैं
सुनसान घर ये क्यों न हो मेहमान तो गया

1 कामनाओं से ख़ाली दिल

देखा है बुत-कदे[1] में जो ऐ शेख़[2] कुछ न पूछ
ईमान की तो ये है कि ईमान तो गया

1 मंदिर, मूर्तिगृह 2 धर्म गुरू

इफ़्शा-ए-राज़-ए-इ'श्क़[1] में गो[2] ज़िल्लतें[3] हुईं
लेकिन उसे जता तो दिया जान तो गया

1 इ'श्क़ का राज़ खुल जाना 2 यद्यपि 3 अपमान

गो नामा-बर[1] से ख़ुश न हुआ पर हज़ार शुक्र[2]
मुझ को वो मेरे नाम से पहचान तो गया

1 पत्रवाहक 2 धन्यवाद

होश-ओ-हवास[1]-ओ-ताब-ओ-तवाँ[2] 'दाग़' जा चुके
अब हम भी जाने वाले हैं सामान तो गया

1 चेतना और इंद्रियाँ 2 शक्ति

(गुलज़ार-ए-दाग़)

❁

अ'जब अपना हाल होता जो विसाल-ए-यार[1] होता
कभी जान सदक़े[2] होती कभी दिल निसार[3] होता
1 मा'शूक़ का मिलन 2,3 निछावर

जो तुम्हारी तर्ह तुम से कोई झूठे वा'दे करता
तुम्हीं मुन्सिफ़ी[1] से कह दो तुम्हें ए'तिबार[2] होता
1 न्याय 2 विश्वास, भरोसा

ग़म-ए-इ'श्क़ में मज़ा था जो उसे समझ के खाते
ये वो ज़हर है कि आख़िर मय-ए-ख़ुश-गवार[1] होता
1 मनपसन्द शराब

ये मज़ा था दिल-लगी का कि बराबर आग लगती
न तुझे क़रार[1] होता न मुझे क़रार होता
1 चैन, शांति

न मज़ा है दुश्मनी में न है लुत्फ़[1] दोस्ती में
कोई ग़ैर ग़ैर[2] होता कोई यार यार होता
1 मज़ा 2 रक़ीब

तिरे वा'दे पर सितमगर[1] अभी और सब्र करते
अगर अपनी ज़िन्दगी का हमें ए'तिबार होता
1 अत्याचारी / मा'शूक़

तुम्हें नाज़[1] हो न क्योंकर कि लिया है 'दाग़' का दिल
ये रक़म न हाथ लगती न ये इफ़्तिख़ार[2] होता
1 अभिमान 2 गर्व, सम्मान

(गुलज़ार-ए-दाग़)

❁

फ़ित्ना-गर[1] क्या मकान से निकला
आस्माँ आस्मान से निकला

1 तबाही फैलाने वाला

दिल में रहने न दूँ तिरा शिक्वा[1]
दिल में आया ज़बान से निकला

1 शिकायत

वह्म[1] आते हैं देखिए क्या हो
वो अकेला मकान से निकला

1 भ्रम, अशंका

सच तो ये है मुआ'मला[1] दिल का
बाहर अपने गुमान[2] से निकला

1 मामला 2 अनुमान

मेरे आँसू की उस ने की तारीफ़[1]
ख़ूब मोती ये कान[2] से निकला

1 प्रशंसा 2 खान

हम खड़े तुम से बातें करते थे
ग़ैर क्यों दर्मियान[1] से निकला

1 बीच में

ज़िक्र[1] अह्ल-ए-वफ़ा[2] का जब आया
'दाग़' उन की ज़बान से निकला

1 चर्चा 2 प्रेमियों

(यादगर-ए-दाग़)

❁

ग़ज़ब किया तिरे वा'दे पे ए'तिबार[1] किया
तमाम रात क़यामत[2] का इन्तिज़ार किया
1 विश्वास 2 प्रलय, मुसीबत

हँसा हँसा के शब-ए-वस्ल[1] अश्क-बार[2] किया
तसल्लियाँ[3] मुझे दे दे के बे-क़रार[4] किया
1 मिलन की रात 2 आँसू बहाना 3 सांत्वनाएँ 4 बेचैन

हम ऐसे महव-ए-नज़ारा[1] न थे जो होश आता
मगर तुम्हारे तग़ाफ़ुल[2] ने होश्यार किया
1 देखने में गुम 2 उपेक्षा, अनदेखा करना

फ़साना-ए-शब-ए-ग़म[1] उनको इक कहानी थी
कुछ ए'तिबार किया कुछ न ए'तिबार किया
1 दुख भरी रात का क़िस्सा

वो बात कर जो कभी आस्माँ से हो न सके
सितम[1] किया तो बड़ा तू ने इफ़्तिख़ार[2] किया
1 अत्याचार 2 गर्व, सम्मान

बनेगा मेहर-ए-क़यामत[1] भी एक ख़ाल-ए-सियाह[2]
जो चेहरा 'दाग़'-ए-सियह-रू[3] ने आश्कार[4] किया
1 प्रलय का सूरज 2 काला तिल 3 काले चेहरे वाला 4 प्रकट

(गुलज़ार-ए-दाग़)

ग़ैर[1] को मुंह लगा के देख लिया
झूट सच आज़्मा के देख लिया

1 रक़ीब, मा'शूक़ का अन्य आ'शिक़

लोग कहते हैं चुप लगी है तुझे
हाल-ए-दिल[1] भी सुना के देख लिया

1 दिल का हाल

ज़ख़्म-ए-दिल में नहीं है क़त्रा-ए-ख़ूँ[1]
ख़ूब हम ने दिखा के देख लिया

1 ख़ून की बूँद

इधर आईना है उधर दिल है
जिस को चाहा उठा के देख लिया

उन को ख़ल्वत-सरा[1] में बे-पर्दा
साफ़ मैदान पा के देख लिया

1 एकांत-कक्ष

तुम को है वस्ल-ए-ग़ैर[1] से इन्कार
और जो हम ने आ के देख लिया

1 रक़ीब से मिलना

'दाग़' ने ख़ूब आ'शिक़ी का मज़ा
जल के देखा जला के देख लिया

(आफ़्ताब-ए-दाग़)

❁

ले चला जान मिरी रूठ के जाना तेरा
ऐसे आने से तो बेहतर था न आना तेरा

तू जो ऐ ज़ुल्फ़[1] परेशान रहा करती है
किस के उजड़े हुए दिल में है ठिकाना तेरा

1 बाल

ये समझ कर तुझे ऐ मौत लगा रक्खा है
काम आता है बुरे वक़्त में आना तेरा

ऐ दिल-ए-शेफ़्ता[1] में आग लगाने वाले
रंग लाया है ये लाखे[2] का जमाना तेरा

1 प्रेम मग्न दिल 2 होठों पर लगाई जाने वाली लाली

तू ख़ुदा तो नहीं ऐ नासेह-ए-नादाँ[1] मेरा
क्या ख़ता[2] की जो कहा मैं ने न माना तेरा

1 नासमझ उपदेशक 2 भूल

का'बा[1]-ओ-दैर[2] में या चश्म[3]-ओ-दिल-ए-आ'शिक़ में
इन्हीं दो चार घरों में है ठिकाना तेरा

1 मस्जिद 2 मंदिर 3 आँख

'दाग़' को यूँ वो मिटाते हैं ये फ़र्माते हैं
तू बदल डाल हुआ नाम पुराना तेरा

(महताब-ए-दाग़)

वो ज़माना नज़र नहीं आता
कुछ ठिकाना नज़र नहीं आता

जान जाती दिखाई देती है
उन का आना नज़र नहीं आता

इ'श्क़ दर-पर्दा[1] फूँकता है आग
ये जलाना नज़र नहीं आता

1 पर्दे में, छुप कर

इक ज़माना मिरी नज़र में रहा
इक ज़माना नज़र नहीं आता

दिल ने उस बज़्म[1] में बिठा तो दिया
उठ के जाना नज़र नहीं आता

1 महफ़िल

रहिए मुश्ताक़-ए-जल्वा-ए-दीदार[1]
हम ने माना नज़र नहीं आता

1 दर्शन के लिए उत्सुक

दिल-ए-पुर-आरज़ू[1] लुटा ऐ 'दाग़'
वो ख़ज़ाना नज़र नहीं आता

1 कामनाओं से भरा दिल

(गुलज़ार-ए-दाग़)

मेरे क़ाबू में न पहरों दिल-ए-नाशाद[1] आया
वो मिरा भूलने वाला जो मुझे याद आया

1 दुखी दिल

दिल-ए-वीराँ से रक़ीबों[1] ने मुरादें[2] पाईं
काम किस किस के मिरा ख़िर्मन-ए-बर्बाद[3] आया

1 मा'शूक़ के अन्य आ'शिक़, प्रतिद्वंद्वी 2 मनोकामनाएँ 3 लुटा हुआ खलियान

इ'श्क़ के आते ही मुंह पर मिरे फूली है बसंत
हो गया ज़र्द[1] ये शागिर्द[2] जब उस्ताद आया

1 पीला 2 शिष्य

दी शब-ए-वस्ल[1] मोअज़्ज़िन[2] ने अज़ाँ पिछली रात
हाय कम-बख़्त[3] को किस वक़्त ख़ुदा याद आया

1 मिलन की रात 2 अज़ान देने वाला 3 अभागा

लीजिए सुनिए अब अफ़्साना-ए-फ़ुर्क़त[1] मुझसे
आपने याद दिलाया तो मुझे याद आया

1 विरह की कहानी

आप की बज़्म[1] में सब कुछ है मगर 'दाग़' नहीं
हम को वो ख़ाना-ख़राब[2] आज बहुत याद आया

1 महफ़िल 2 अपना घर बर्बाद करने वाला

(गुलज़ार-ए-दाग़)

गर मेरे बुत-ए-होशरुबा[1] को नहीं देखा
उस देखने वाले ने ख़ुदा को नहीं देखा

1 होश उड़ाने वाली मूर्ति / मा'शूक़

रहबर[1] से ग़रज़[2] क्या है जो मन्ज़िल नज़र आए
का'बे[3] में कहे क़िब्ला-नुमा[4] को नहीं देखा

1 रास्ता दिखाने वाला 2 मत्लब 3 ख़ुदा का घर, जहाँ हज किया जाता है
4 दिशा बताने वाला यंत्र

जिस शक्ल से हँसते हैं मिरे हाल प अहबाब[1]
रोते हुए यूँ अह्ल-ए-अ'ज़ा[2] को नहीं देखा

1 दोस्त 2 शोकाकुल लोग

इतना तो बता दे मुझे ऐ नासेह[1]-ए-मुश्फ़िक़[2]
देखा है कि उस माहलक़ा[3] को नहीं देखा

1 धर्म उपदेशक 2 कृपा दृष्टि रखने वाला 3 चाँद से चेहरे वाला मा'शूक़

जब 'दाग़' को ढूँढा किसी बुतख़ाने में पाया
घर में कभी उस मर्द-ए-ख़ुदा[1] को नहीं देखा

1 ख़ुदा को मानने वाला

(गुलज़ार-ए-दाग़)

❁

आख़िर को इ'श्क़ कुफ़्र[1] से ईमान हो गया
मैं बुत-परस्तियों[2] से मुसलमान हो गया
1 इस्लाम को न मानना, नास्तिक 2 मूर्ति पूजा

मय[1] तो हलाल[2] है जो पिए ढब से बादा-नोश[3]
मैं तौबा[4] करके और पशेमान[5] हो गया
1 शराब 2 जो वर्जित न हो 3 शराब पीने वाला 4 किसी चीज़ को छोड़ने का प्रण 5 पछतावे में

रिन्दान-ए-बे-रिया[1] की है सोहबत[2] किसे नसीब[3]
ज़ाहिद[4] भी हम में बैठ के इन्सान हो गया
1 निश्छल शराब पीने वाले 2 साथ, संगत 3 भाग्य प्राप्त 4 धर्म परायण व्यक्ति

उस ग़ुन्चे[1] में समाई है वहशत[2] ब-रंग-ए-बू[3]
दिल कितनी तंगियों प बयाबान[4] हो गया
1 कली 2 दीवानगी 3 सुगन्ध की तरह 4 वीराना

लो ऐ बुतो सुनो कि वो 'दाग़'-ए-सनम-परस्त[1]
मस्जिद में जा के आज मुसलमान हो गया
1 मूर्ति-पूजक

(गुलज़ार-ए-दाग़)

❁

यूँ वो पैग़ाम[1] से तो आएगा
ग़ैर[2] के नाम से तो आएगा

1 संदेश 2 रक़ीब, मा'शूक़ का अन्य आ'शिक़

शब-ए-हिज्राँ[1] से मौत बेहतर है
ख़्वाब आराम से तो आएगा

1 जुदाई की रात

यूँ न आएगा हाथ गर[1] वो सनम
तर्क-ए-इस्लाम[2] से तो आएगा

1 अगर 2 इस्लाम का परित्याग

ले ही तो आएँगे उसे हमदम[1]
मेरे ही नाम से तो आएगा

1 दोस्त

साक़िया[1] मुझसे बादा-कश[2] को सुरूर
एक ही जाम[3] से तो आएगा

1 ऐ साक़ी 2 शराब पीने वाला 3 प्याला

दिल का आना है काम से जाना
जाएगा काम से तो आएगा

कभी अपना भी रोज़-ए-ख़ुश[1] ऐ 'दाग़'
दौर-ए-अय्याम[2] से तो आएगा

1 अच्छा दिन 2 काल चक्र

(गुलज़ार-ए-दाग़)

❀

सौ हसरतें[1] तो आईं गया एक दिल गया
मिलना था जो मुझे मिरी क़िस्मत का मिल गया
1 अधूरी कामनाएँ

उसने लिया जो आइने में बोसा[1] अपना आप
अल्लह रे नाजुकी[2] लब-ए-गुलफ़ाम[3] छिल गया
1 चुंबन 2 कोमलता 3 फूल जैसा होंठ

अल्लह रे जामा[1]-ज़ेब[1] तिरी जामा-ज़ेबियाँ[2]
पहना जो तूने रंग वही रंग खिल गया
1 जिस पर लिबास अच्छा लगे 2 लिबास की शोभा

जन्नत इसी का नाम अगर है तो बस सलाम
महफ़िल में तेरी जो कोई आया ख़जिल[1] गया
1 शर्मिन्दा 2 लज्जित

मैंने तो अपने वास्ते की थी दुआ'-ए-वस्ल[1]
उल्टा असर हुआ वो रक़ीबों[2] से मिल गया
1 मिलने की दुआ' 2 मा'शूक़ के अन्य आ'शिक़, प्रतिद्वंद्वी

हस्ती में हैं अ'दम[1] के मज़े आ'शिक़ों को 'दाग़'
क़ालिब[2] में जान आते ही पहलू से दिल गया
1 नश्वरता, मौत, अनस्तित्व 2 लौकिक आकार, शरीर

(गुलज़ार-ए-दाग़)

ज़रा वस्ल[1] पर हो इशारा तुम्हारा
अभी फ़ैस्ला है हमारा तुम्हारा
1 मिलन

बुतो[1] दीन[2]-ओ-दुनिया में काफ़ी है मुझ को
ख़ुदा का भरोसा सहारा तुम्हारा
1 ऐ मूर्तियो / मा'शूक़ों 2 धर्म

मोहब्बत के दा'वे मिले ख़ाक[1] में सब
वो कहते हैं क्या है इजारा[2] तुम्हारा
1 मिट्टी 2 एकाधिकार

रुकावट न होती तो दिल एक होता
तुम्हारा हमारा हमारा तुम्हारा

निकल कर मिरे घर से ये जान लो तुम
न होगा किसी घर गुज़ारा तुम्हारा

सुना है किसी और को चाहता है
वो दुश्मन हमारा वो प्यारा तुम्हारा

करेंगे सिफ़ारिश हम ऐ 'दाग़' उन से
अगर ज़िक्र[1] आया दोबारा तुम्हारा
1 चर्चा

(गुलज़ार-ए-दाग़)

नामाबर[1] कहता है अब लाता हूँ दिलबर का जवाब
सुन चुका मैं चार दिन आगे मुक़द्दर[2] का जवाब

1 पत्र वाहक 2 भाग्य

शेख़[1] हू-हक़[2] कर रहा है रात दिन मस्तों के साथ
आज कल है मयकदा[2] अल्लाह के घर का जवाब

1 धर्म गुरू 2 हँसना-हँसाना, मज़े उड़ाना

ख़ल्क़[1] के आ'माल-नामे[2] छीन लूँगा हश्र[3] में
गुम हुआ है हाथ से क़ासिद[4] के दिलबर का जवाब

1 लोग 2 जिस पर कर्मों का फल लिखा होता है 3 प्रलय 4 संदेश-वाहक

ग़ैर की ता'रीफ़ लिक्खी सारे ख़त में और मुझे
ये भी लिखते हैं कि लिक्खो मेरे दफ़्तर[1] का जवाब

1 वो कागज़ जिसमें बहुत कुछ लिखा हो

लोग कहते हैं बना दिल्ली बिगड़ कर लखनऊ
पर कहाँ ऐ 'दाग़' इस उजड़े हुए घर का जवाब

(गुलज़ार-ए-दाग़)

❁

क्यों कहा ये किसी से क्या मत्लब[1]
इसी कहने से खुल गया मत्लब

1 उद्देश्य, काम

बात पूरी नहीं कही मैंने
कि वो तर्रार[1] ले उड़ा मत्लब

1 तेज़ स्वभाव वाला, चालाक मा'शूक़

मैं कहे जाऊँ तुम सुने जाओ
एक के बा'द दूसरा मत्लब

है मिरा दर्द आप की राहत[1]
है मिरे पास आपका मत्लब

1 आराम, सुकून

कभी कहता हूँ दिल से ख़ूब किया
कभी कहता हूँ क्यों कहा मत्लब

दिल में घुट घुट के रह गई हस्रत[1]
लब[2] पर आ आ के रह गया मत्लब

1 अभिलाषा 2 होंठ

हज़रत[1]-ए-'दाग़' तौबा[2] करते हैं
काश पूरा करे ख़ुदा मत्लब

1 श्रीमान 2 कोई काम न करने का प्रण

(गुलज़ार-ए-दाग़)

❋

बज़्म[1] से आख़िर-ए-शब[2] है सफ़र-ए-जाम-ए-शराब[3]
शाम-ए-ग़ुर्बत[4] हुई साक़ी[5] सहर[6]-ए-जाम-ए-शराब

1 महफ़िल 2 रात का आख़िरी पहर 3 शराब का प्याला 4 परदेस की शाम 5 शराब पिलाने वाला 6 सुब्ह

मस्त-ओ-सरशार[1] को सरशार संभाले क्या ख़ाक
न थमी दस्त[2]-ए-सुबू[3] से कमर-ए-जाम-ए-शराब

1 मदमस्त 2 हाथ 3 शराब की सुराही

कस्रत-ए-मज्मा-ए'-अग़्यार[1] से महरूम[2] रहा
न हुआ बज़्म[3] में मुझ तक गुज़र[4]-ए-जाम-ए-शराब

1 रक़ीबों / दुश्मनों की भीड़ 2 वंचित 3 महफ़िल 4 आना

मोहतसिब[1] देगा जवाब अपने सितम[2] का तू क्या
कल जो कौसर[3] प हुआ दाद-गर[4]-ए-जाम-ए-शराब

1 धर्म अधिकारी 2 अत्याचार 3 स्वर्ग की एक काल्पनिक नहर 4 न्यायकर्ता

ये भी ऐ मोहतसिब उस लाल परी का है असर
उड़ के पहुँची है जो तुझ तक ख़बर-ए-जाम-ए-शराब

बज़्म-ए-दुश्मन[1] में रहे आप तो सूफ़ी बन कर
सुर्ख़[2] आँखों में कहाँ है असर-ए-जाम-ए-शराब

1 रक़ीबों की महफ़िल 2 लाल

नहीं मा'लूम कि ऐ 'दाग़' है तू किस धुन में
न तलाश-ए-बुत-ए-महवश[1] न सर-ए-जाम-ए-शराब[2]

1 चाँद जैसे माशूक़ की तलाश 2 शराब के प्याले का ध्यान

(आफ़्ताब-ए-दाग़)

मेरे ही दम से मेहर-ओ-वफ़ा[1] का निशाँ है अब
तुझ सा अगर नहीं है तो मुझ सा कहाँ है अब
1 वफ़ादारी

इस हाल को पहुँच गईं दिल की ख़राबियाँ
तेरा मकाँ[1] है अब न ख़ुदा का मकाँ है अब
1 मकान

जाती है आधी रात मगर इसका क्या जवाब
घबरा के वो ये कहते हैं वक़्त-ए-अज़ाँ[1] है अब
1 अज़ान का समय

सीने से मेरे दस्त-ए-तसल्ली[1] उठाइए
ये भी दिल-ए-नहीफ़[2] को बार-ए-गराँ[3] है अब
1 तसल्ली भरा हाथ 2 कमज़ोर दिल 3 भारी बोझ

देखो ज़रा सी शर्म ने सब कुछ मिटा दिया
वो आँख वो निगाह वो चितवन कहाँ है अब

क्या लुत्फ़[1]-ए-दोस्ती कि नहीं लुत्फ़-ए-दुश्मनी
दुश्मन को भी जो देखिए पूरा कहाँ है अब
1 मज़ा

तुम को यक़ीं[1] नहीं तो न हो इसका क्या इ'लाज
कमबख़्त 'दाग़' तुम से बहुत बदगुमाँ[2] है अब
1 विश्वास, आस्था 2 नाराज़

(आफ़्ताब-ए-दाग़)

❀

मेह्रबाँ[1] हो के जब मिलेंगे आप
जो न मिलते थे सब मिलेंगे आप

1 कृपाशील

दम-ए-रुख़्सत[1] ये छेड़ तो देखो
मुझसे कहते हैं कब मिलेंगे आप

1 बिछड़ते समय

आप क्यों ख़ाक[1] में मिलाते हैं
हम मुसीबत-तलब[2] मिलेंगे आप[3]

1 मिट्टी-धूल 2 मुसीबतों को ख़ुद बुलाने 3 ख़ुद से

कारवाँ की तलाश क्या ऐ दिल
आ के मन्ज़िल प सब मिलेंगे आप

एक तो वा'दा और उस प क़सम
ये यक़ीं है कि अब मिलेंगे आप

'दाग़' इक आदमी है गर्मागर्म
ख़ुश बहुत होंगे जब मिलेंगे आप

(गुलज़ार-ए-दाग़)

बरसों आँखों में रहे आँखों से फिर कर दिल में आए
राह सीधी थी मगर पहुँचे बड़े चक्कर से आप

कट गए लाखों गले इस तेज़ि-ए-रफ़्तार से
अब तो चल निकले ज़ियादा अपने भी ख़न्जर[1] से आप

1 छुरी

अपने सीने से दबा दीजे ज़रा सीना मिरा
चूर कीजे शीशा-ए-दिल[1] को इसी पत्थर से आप

1 दिल रूपी शीशा

वस्ल[1] में कैसी हया[2] मैं तो न मानूँगा कभी
सहम कर चुप हो रहे बे-शुब्ह[3] मेरे डर से आप

1 मिलन 2 शर्म 3 निसंदेह

हज़रत[1]-ए-ज़ाहिद[2] निकल आया फ़लक[3] पर आफ़्ताब[4]
पीर-ओ-मुर्शिद[5] अब तो उठिए मयकदे[6] के दर[7] से आप

1 श्रीमान 2 धर्म परायण व्यक्ति 3 आस्मान 4 सूरज 5 गुरू जी 6 शराबख़ाना 7 दरवाज़ा

क्यों जनाब-ए-'दाग़' याद-अल्लाह[1] मेरी याद है
भेस बदले रात को आते थे किस के घर से आप

1 मेल-मुलाक़ात

(गुलज़ार-ए-दाग़)

कब बात हो बग़ैर[1] ख़ुशामद[2] वहाँ दुरुस्त[3]
वो ना-दुरुस्त[4] भी जो कहें कहिए हाँ दुरुस्त

1 बिना 2 चापलूसी 3 ठीक 4 ग़लत

थोड़े से दिन बहार के हैं किस उमीद पर
करते हैं अपने मुर्ग़-ए-चमन[1] आश्याँ[2] दुरुस्त

1 बाग की चिड़ियाँ 2 घोंसला, घर

कुछ मैं भी अपना हाल-ए-तबीअ'त[1] बयाँ[2] करूँ
गर हो मिज़ाज[3] आपका ऐ मेह्रबाँ[4] दुरुस्त

1 दिल का हाल 2 बताना 3 मूड 4 कृपा करने वाला

उसको दुरुस्ती[1]-ए-दिल-ए-आ'शिक़ से क्या ग़रज़[2]
जिस बद-ज़बान[3] की नहीं अब तक ज़बाँ दुरुस्त

1 ठीक होना / करना 2 मत्लब 3 कड़ुवा बोलने वाला

आँखों में रह कि दिल में ठहर तेरे वास्ते[1]
आरास्ता[2] हर एक मकाँ[3] हर मकाँ दुरुस्त

1 लिए 2 सजा हुआ 3 मकान

हर रोज़ ताज़्याना-ए-ज़ुल्फ़-ए-दराज़[1] से
तूने भी दिल को ख़ूब किया मेरी जाँ दुरुस्त

1 लम्बे बालों से बना चाबुक / कोड़ा

आता है सामने जो वो ग़ारत-गर-ए-शकेब[1]
औसान[2] 'दाग़' रहते हैं अपने कहाँ दुरुस्त

1 चैन-आराम छीन लेने वाला 2 होश

(गुलज़ार-ए-दाग़)

❀

है तुर्फ़ा[1] तमाशा सर-ए-बाज़ार-ए-मोहब्बत[2]
सर बेचते फिरते हैं ख़रीदार-ए-मोहब्बत

1 अ'जीब, अनोखा 2 मोहब्बत के बाज़ार में

अल्लाह करे तू भी हो बीमार-ए-मोहब्बत
सदक़े[1] में छुटें तेरे गिरफ़्तार-ए-मोहब्बत

1 दान-पुन्य के फलस्वरूप

इस वास्ते देते हैं वो हर रोज़ नया दाग़
इक दर्द के ख़ूगर[1] न हों बीमार-ए-मोहब्बत

1 आ'दी

कुछ तज़्किरा-ए-इ'श्क़[1] रहे हज़रत-ए-नासेह[2]
कानों को मज़ा देती है गुफ़्तार-ए-मोहब्बत[3]

1 इ'श्क़ का चर्चा 2 उपदेशक महोदय 3 मोहब्बत की बातें

वाइ'ज़[1] की ज़बाँ पर तो वो कलिमे[2] है कि गोया[3]
बख़्शे[4] ही न जाएँगे गुनहगार-ए-मोहब्बत

1 धार्म उपदेशक 2 बातें 3 जैसे 4 मोक्ष देना / पाना

देखा है ज़माने को इन आँखों ने तो ऐ 'दाग़'
इस रंग पर इस ढंग पर इन्कार-ए-मोहब्बत

(गुलज़ार-ए-दाग़)

आ'लम-ए-यास[1] में घबराए न इन्सान बहुत
दिल सलामत[2] है तो हस्रत[3] बहुत अर्मान[4] बहुत
1 निराशा की अवस्था 2 सुरक्षित 3 कामना 4 अभिलाषा

काश दो चार हजारों में तो हों काफ़िर-ए-इ'श्क़[1]
हमने का'बे[2] में भी देखे न मुसलमान बहुत
1 इ'श्क़ में ख़ुदा को भूल जाने वाला 2 जहाँ हज किया जाता है

सर उठाता नहीं तू शर्म-ए-जफ़ा[1] से ज़ालिम[2]
या किए हैं किसी कम-बख़्त[3] ने एहसान बहुत
1 अत्याचार के बा'द लज्जित होना 2 अत्याचारी 3 अभागा

तुम कि बेदाद[1] करो और न शर्माओ ज़रा
हम कि नाकर्दा-गुनह[2] और पशेमान[3] बहुत
1 अत्याचार 2 जिसने पाप न किया हो 3 पछतावे में

हस्रतें रोज़ नई दिल में भरी जाती हैं
थोड़े थोड़े भी हुए जाते हैं मेहमान बहुत

सोचिए दिल में तो है इ'श्क़ निहायत[1] दुश्वार[2]
न समझिए तो यही काम है आसान बहुत
1 अत्यंत 2 कठिन

बज़्म-ए-अहबाब[1] में ऐ 'दाग़' कभी तो हँस बोल
देखते हैं तुझे हर वक़्त परेशान बहुत
1 दोस्तों की महफ़िल

(आफ़्ताब-ए-दाग़)

❁

जा-ए-आसूदगी[1] कहाँ है आज
जो ज़मीं कल थी आस्माँ है आज

1 आराम से रहने की जगह

तुम वहाँ थे तो दिल वहाँ था कल
तुम यहाँ हो तो दिल यहाँ है आज

इ'श्क़ को इब्तिदा[1] में हम समझे
फ़ित्ना-ए-आख़िरुज़्ज़माँ[2] है आज

1 आरंभ 2 संसार का अंतिम या अंत करने वाला उपद्रव

कल अदा दिल का हाल हो कि न हो
सुन लो गोया[1] मिरी ज़बाँ है आज

1 बोलती हुई

आरज़ू[1] वस्ल[2] की शहीद हुई
मातम-ए-मर्ग-ए-नौजवाँ[3] है आज

1 कामना 2 मिलन 3 नौजवानी की मौत का शोक

इस हदफ़[1] पर लगाएँगे वो तीर
दिल-नशीं[2] 'दाग़' का निशाँ है आज

1 निशाना 2 दिल में रहने वाला, सुंदर

(महताब-ए-दाग़)

ग़ुर्बत[1] के रन्ज[2] फ़ाक़ा-कशी[3] के मलाल[4] खींच
ऐ 'दाग़' पर ज़माने से दस्त-ए-सवाल[5] खींच

1 परदेस 2 दुख 3 भूखा रहना 4 दुख 5 माँगने के लिए बढ़ाया गया हाथ

नाज़ुक बहुत है रिश्ता-ए-उल्फ़त[1] न टूट जाए
इतना न अपने आपको ऐ मह-जमाल[2] खींच

1 मोहब्बत का रिश्ता / धागा 2 चाँद जैसा मा'शूक़

हो जाए तू न ताइर-ए-दिल[1] की तरह असीर[2]
सय्याद[3] अपनी सम्त[4] को आहिस्ता जाल खींच

1 दिल का पंछी 2 क़ैद 3 शिकारी 4 ओर

खींची थी जब मुसव्विर-ए-क़ुदरत[1] ने दिल की शक्ल
कहता ये कौन तू न इसे बेख़याल[2] खींच

1 प्रकृति का चित्रकार / ईश्वर 2 सोचे समझे बिना

वो ठंडे ठंडे चैन से घर को चले गए
ले और आह-ए-सर्द[1] दिल-ए-पुर-मलाल[2] खींच

1 ठंडी आह 2 दुख भरा दिल

नासेह[1] क़िमार-गाह-ए-मोहब्बत[2] में जी न हार
दिल को लगा के नफ़्अ'[3] उठा ख़ूब माल खींच

1 उपदेशक 2 मोहब्बत का जुआ-ख़ाना 3 लाभ

ऐ 'दाग़' जज़्ब-ए-इ'श्क़[1] की देखेंगे अब कशिश[2]
की उस कशीदा-रू[3] ने तो हमसे कमाल[4] खींच

1 इ'श्क़ का आकर्षण 2 आकर्षण 3 खिंचा-खिचा / नाराज़ रहने वाला

(गुलज़ार-ए-दाग़)

❋

पुकारती है ख़मोशी मिरी फ़ुग़ाँ[1] की तरह
निगाहें कहती हैं सब राज़[2]-ए-दिल ज़बाँ की तरह
1 फ़र्याद, रूदन 2 रहस्य

छुड़ा दे क़ैद से ऐ बर्क़[1] हम असीरों[2] को
लगा दे आग क़फ़स[3] को भी आश्याँ[4] की तरह
1 बिजली 2 क़ैदियों 3 पिंजरा, क़ैदख़ाना 4 घोंसला / घर

कभी तो सुल्ह[1] भी हो जाए ज़ोह्द[2]-ओ-मस्ती में
इलाही[3] शेख़[4] भी मयख़्वार[5] हो मुग़ाँ[6] की तरह
1 समझौता 2 धर्म परायणता 3 या ख़ुदा 4 धर्म गुरू 5 शराब पीने वाला
6 शराब पिलाने वाले लड़के

हया[1] ने रोक लिया जज़्ब-ए-दिल[2] ने खींच लिया
चले वो तीर की सूरत खिंचे कमाँ की तरह
1 शर्म 2 प्रेम-आकर्षण

ये दिल है आपका घर रहिए शौक़ से लेकिन
शकेब[1]-ओ-राहत[2]-ओ-सब्र[3]-ओ-क़रार[4]-ए-जाँ की तरह
1,2,4 चैन आराम 3 धैर्य

क़यामत[1] आई शब-ए-वस्ल[2] मेरे घर के पास
रक़ीब[3] ने उसे आवाज़ दी अज़ाँ[4] की तरह
1 प्रलय 2 मिलन की रात 3 मा'शूक़ का अन्य आ'शिक़, प्रतिद्वंद्वी 4
अज़ानः नमाज़ के लिए पुकारना

ख़ुदा क़ुबूल[1] करे 'दाग़' तुम जो सू-ए-अ'दम[2]
चले हो इ'श्क़-ए-बुताँ[3] ले के अर्मुग़ाँ[4] की तरह
1 स्वीकार 2 मौत की ओर 3 मूर्तियों / मा'शूक़ों का प्रेम 4 उपहार

(गुलज़ार-ए-दाग़)

दिल में है ग़म[1]-ओ-रन्ज[2]-ओ-अलम[3] हिर्स-ओ-हवा[4] बन्द
दुनिया में मुख़म्मस[5] का हमारे न खुला बन्द

1,2,3 दुख 4 लालच और वासना 5 वह नज़्म जिसमें हर बन्द में पाँच लाइनें हों

हम दाम[1] में फँसते ही हुए आ'शिक़-ए-सय्याद[2]
ये और भी इक बन्द[3] प मज़्बूत लगा बन्द

1 जाल 2 शिकारी के आ'शिक़ 3 फन्दा, गाँठ

ऐ हज़रत-ए-दिल[1] जाइए मेरा भी ख़ुदा है
बे आप के रहने का नहीं काम मिरा बन्द

1 श्रीमान दिल

ऐ मोहतसिब[1] इक दम से तिरी कितनी जफ़ाएँ[2]
शीशे का है दम[3] बन्द सुराही का गला बन्द

1 धर्म अधिकारी 2 अत्याचार 3 साँस

दम रुकते ही सीने से निकल पड़ते हैं आँसू
बारिश की अ'लामत[1] है जो होती है हवा बन्द

1 संकेत, प्रतीक

कहते थे हम ऐ 'दाग़' वो कूचा[1] है ख़तरनाक
छुप छुप के मगर आप का जाना न हुआ बन्द

1 गली

(गुलज़ार-ए-दाग़)

किया है दींदार[1] उस सनम को हज़ारों तूफ़ाँ उठा-उठा कर
लगाईं वो तोहमतें[2] कि बोला ख़ुदा-ख़ुदा कर ख़ुदा-ख़ुदा कर

1 धर्म-परायण 2 आरोप

तिरी मोहब्बत ने मार डाला हज़ार ईज़ा[1] से मुझको ज़ालिम[2]
रुला रुला कर घुला घुला कर जला जला कर मिटा-मिटा कर

1 यातना 2 अत्याचारी / मा'शूक़

शराब-ख़ाना है ये तो ज़ाहिद[1] तिलिस्म-ख़ाना[2] नहीं जो टूटे
कि तौबा[3] करते गई है तौबा अभी यहाँ से शिकस्त[4] पा कर

1 धर्म परायण व्यक्ति 2 जादू घर 3 किसी चीज़ को छोड़ने का प्रण 4 हार

निगह को बेबाकियाँ[1] सिखाओ हिजाब[2]-ए-शर्म-ओ-हया[3] उठाओ
भुला के मारा तो ख़ाक मारा लगाओ चोटें जता-जता कर

1 निडर होना 2 पर्दा 3 शर्म

न हर बशर[1] का जमाल[2] ऐसा न हर फ़रिश्ते का हाल ऐसा
कुछ और से और हो गया तू मिरी नज़र में समा-समा कर

1 आदमी 2 सुंदरता

इलाही[1] क़ासिद[2] की ख़ैर गुज़रे कि आज कूचे[3] से फ़ित्ना-गर[4] के
सबा[5] निकलती है लड़खड़ा कर नसीम[6] चलती है थरथरा कर

1 या ख़ुदा 2 संदेश वाहक 3 गली 4 तबाही फैलाने वाला / मा'शूक़ 5,6 हवा

जनाब सुल्तान-ए-इ'श्क़[1] वो है करे जो ऐ 'दाग़' इक इशारा
फ़रिश्ते हाज़िर हों दस्त-बस्ता[2] अदब[3] से गर्दन झुका झुका कर

1 इ'श्क़ का बादशाह 2 हाथ बाँधे हुए 3 आदर

(गुलज़ार-ए-दाग़)

यूँ बरस पड़ते हैं क्या ऐसे वफ़ादारों पर
रख लिया तूने तो उ'श्शाक़[1] को तल्वारों पर

1 आ'शिक़ों

मोहतसिब[1] तोड़ के शीशा[2] न बहा मुफ़्त शराब
अरे कम-बख़्त[3] छिड़क दे उसे मय-ख़्वारों[4] पर

1 धर्म-अधिकारी 2 शराब की सुराही 3 अभागा 4 शराब पीने वाले

ख़ौफ़-ए-रिन्दाँ[1] से ये है बज़्म[2] में ज़ुह्हाद[3] का हाल
सब के सब हाथ धरे बैठे हैं दस्तारों[4] पर

1 शराब पीने वालों का डर 2 महफ़िल 3 धर्म परायण व्यक्तियों 4 पगड़ियाँ

आ'शिक़ आए हैं कि दीवानों का लश्कर[1] आया
क्या चढ़ाई है तिरे कूचे की दीवारों पर

1 सेना

'दाग़' का इ'श्क़ भी दुनिया से निराला देखा
दिल जब आता है तो आता है दिल-आज़ारों[1] पर

1 दिल दुखाने वाले

(महताब-ए-दाग़)

❁

मज़े लूँ दर्द के मैं थोड़े थोड़े जुल्म[1] सह-सह कर
सितम[2] कीजे तो थम थम कर जफ़ा कीजिए तो रह-रह कर
1,2 अत्याचार

मिले थे आज मुद्दत[1] में बहुत रोए बहुत तड़पे
वो दर्द-ए-इ'श्क़ सुन सुन कर हम अपना दर्द कह-कह कर
1 बहुत दिन बा'द

हुई है शम-ए'-महफ़िल तो शरीक-ए-गिर्या[1]-ए-आ'शिक़[1]
तुझे ऐ क़ुलक़ुल-ए-मीना[2] कहा था किसने क़ह-क़ह[3] कर
1 आ'शिक़ के रोने में शामिल 2 सुराही से निकलने वाली आवाज़ 3 ज़ोर ज़ोर से हँसना

छुपाया ज़ुल्फ़ ने चेहरा तो शोख़ी[1] ने किया ज़ाहिर[2]
हज़ारों बार निकला वस्ल[3] की शब चाँद गह-गह[4] कर
1 चंचलता 2 प्रकट 3 मिलन 4 ग्रहण-ग्रस्त

तड़पने में मज़ा आता है उस कम-बख़्त[1] के हमको
अगर दिल यास[2] से बैठा उभारा हमने कह-कह कर
1 अभागा 2 निराशा

ये जाना था न आएँगे तो क्यों जाने दिया उनको
यही ऐ 'दाग़' पछतावा मुझे आता है रह-रह कर

(महताब-ए-दाग़)

❁

अपनी नज़र में हेच[1] है सारे जहाँ[2] की सैर
दिल ख़ुश न हो तो किस का तमाशा कहाँ की सैर

1 तुच्छ 2 संसार

अब तक तो देखते रहे जोबन[1] बहार का
आइन्दा[2] हम करेंगे तुम्हारी ख़िज़ाँ[3] की सैर

1 यौवन 2 भविष्य में 3 पतझड़

दुनिया के देखने के लिए आँख चाहिए
जन्नत की सैर से है सिवा[1] इस मकाँ[2] की सैर

1 अधिक 2 मकान

कुछ झूमते हैं नश्शे में कुछ हैं गिरे पड़े
कुछ और ही है महफ़िल-ए-पीर-ए-मुग़ाँ[1] की सैर

1 शराबख़ाने का मालिक

क्यों देखने लगे मिरी चश्म-ए-पुर-आब[1] को
दरिया प आप कीजिए आब-ए-रवाँ[2] की सैर

1 आँसुओं से भरी आँख 2 बहता पानी

क्यों आदमी को आ'लम-ए-बाला[1] की हो हवस[2]
बढ़ कर नहीं ज़मीन से कुछ आस्माँ की सैर

1 परलोक 2 लालसा

दिल्ली में फूल वालों की है एक सैर 'दाग़'
बलदे[1] में हमने देख ली सारे जहाँ की सैर

1 शहर

(महताब-ए-दाग़)

आज़्माया है मुदाम[1] आपको बस बस अजी बस
दोनों हाथों से सलाम आपको बस बस अजी बस

1 हमेशा, सदैव

आपकी बन्दा-नवाज़ी[1] है जहाँ में मश्हूर
जानता है ये ग़ुलाम आपको बस बस अजी बस

1 भक्त-वत्सलता

मुंह न खुलवाइए मेरा यूँही रहने दीजे
याद भी है वो कलाम[1] आपको बस बस अजी बस

1 बात

हमने कल देख लिया देख लिया देख लिया
कहीं जाते सर-ए-शाम[1] आपको बस बस अजी बस

1 शाम को

पीजिए ख़ून-ए-जिगर[1] अपना जनाब[2]-ए-'ज़ाहिद'[3]
बादा[4]-ओ-साग़र[5]-ओ-जाम[6] आपको बस बस अजी बस

1 दिल का ख़ून 2 श्रीमान 3 धर्म परायण व्यक्ति 4 शराब 5,6 प्याला

(महताब-ए-दाग़)

हैं बहुत से आ'शिक़-ए-दिलगीर[1] जम्अ'[2]
तेरे तर्कश[3] में हैं कितने तीर जम्अ'

1 दुखी प्रेमी 2 इकट्ठा 3 तीर रखने का ख़ोल

अच्छी सूरत से हमें भी इ'श्क़ है
करते हैं तस्वीर पर तस्वीर जम्अ'

कूचा-ए-क़ातिल[1] में आफ़त[2] आ गई
जब हुए दो चार भी रहगीर[3] जम्अ'

1 क़ातिल / मा'शूक़ की गली 2 मुसीबत 3 राही

या लगा दो आग या लिख दो जवाब
हो गया है दफ़्तर-ए-तहरीर[1] जम्अ'

1 ख़तों का अंबार

थोड़ी थोड़ी ही मिले उस दर की ख़ाक[1]
चुटकी चुटकी हम करें इक्सीर[2] जम्अ'

1 मिट्टी 2 अचूक दवा, वो रसायन जिससे लोहे को सोना बनाते हैं

ख़ून-ए-दिल का चश्म-ए-तर[1] ठेका न ले
उससे होने की नहीं तौफ़ीर[2] जम्अ'

1 भीगी आँख 2 अधिकता (धन की)

किस तरह यकजा[1] हों 'दाग़' अपने अ'ज़ीज़[2]
होने देती ही नहीं तक़्दीर[3] जम्अ'

1 इकट्ठा 2 प्यारे, दोस्त लोग 3 भाग्य

(महताब-ए-दाग़)

❁

देखा न हमने रश्क[1] से अग़यार[2] की तरफ़
मुंह फेर बैठे बज़्म में दीवार की तरफ़

1 ईर्ष्या 2 ग़ैर का बहुवचन, बहुत से रक़ीब

सैल-ए-सरिश्क[1] अपने ही घर में बहाएँगे
क्यों जाए ये बला[2] तिरी दीवार की तरफ़

1 आँसुओं की बाढ़ 2 मुसीबत

बैठे बिठाए आए जो शामत[1] तो क्या इ'लाज
दिल ने कहा कि आओ चलें यार की तरफ़

1 मुसीबत

चाही थी दाद[1] हमने दिल-ए-साफ़ की मगर
आईना हो गया तिरे रुख़्सार[2] की तरफ़

1 प्रशंसा 2 गाल

तस्वीर को भी उसकी यहाँ तक ग़ुरूर[1] है
देखे कभी न तालिब[2]-ए-दीदार[2] की तरफ़

1 गर्व, अभिमान 2 दर्शन का इच्छुक

तक़्सीर[1] मय-फ़रोश[2] की ऐ मोहतसिब[3] नहीं
ये चीज़ उड़ के जाती है मयख़्वार[4] की तरफ़

1 ग़लती 2 शराब बेचने वाला 3 धर्म अधिकारी 4 शराब पीने वाला

दी जान किस ख़ुशी से तह-ए-तेग़[1] 'दाग़' ने
लब पर तबस्सुम[2] और नज़र यार की तरफ़

1 तल्वार के नीचे 2 मुस्कुराहट

(गुलज़ार-ए-दाग़)

काफ़िर[1] वो ज़ुल्फ़-ए-पुर-शिकन[2] एक इस तरफ़ एक उस तरफ़
फिर उस प चश्म-ए-सेहर-फ़न[3] एक इस तरफ़ एक उस तरफ़

1 धर्म भ्रष्ट करने वाला / वाली 2 घुंघराले बाल 3 आँखें जिन्हें जादूगरी आती हो

हंगाम-ए-रहलत[1] देखिए दिल किस तरफ़ अपना झुके
बैठे हैं शेख़[2]-ओ-बर्हमन[3] एक इस तरफ़ एक उस तरफ़

1 प्रस्थान / मौत का समय 2 इस्लामी धर्म गुरू 3 हिंदू धर्म गुरू

ज़ुल्फ़ों की ये सरगोशियाँ[1] दिल पर बलाएँ[2] लाएँगी
ग़म्माज़[3] है गर्म-ए-सुख़न[4] एक इस तरफ़ एक उस तरफ़

1 काना फूसी 2 मुसीबतें 3 चुग़ली खाने वाला, लगाई बुझाई करने वाला 4 बोलता हुआ

ग़ैरों का मज्मअ'[1] और तुम परियों का जमघट और हम
पहलू-ब-पहलू[2] अन्जुमन[3] एक इस तरफ़ एक उस तरफ़

1 भीड़ 2 साथ 3 महफ़िल

दिल एक तन्हा बीच में आँखें तिरी सफ़्फ़ाक[1] दो
शम्शीर-ज़न[2] नावक-फ़िगन[3] एक इस तरफ़ एक उस तरफ़

1 निर्मम, निर्दयी 2 तल्वार चलाता हुआ 3 तीर चलाता हुआ

मैं मर गया हूँ वस्ल[1] में राहत[2] हो हर पहलू मुझे
तकिए हों दो ज़ेर-ए-कफ़न[3] एक इस तरफ़ एक उस तरफ़

1 मिलन 2 आराम 3 कफ़न के नीचे

तू और दहिने बाएँ हों लैला-ओ-शीरीं बज़्म[1] में
मैं और क़ैस[2]-ओ-कोहकन[3] एक इस तरफ़ एक उस तरफ़

1 महफ़िल 2 मज्नूँ का नाम 3 फ़र्हाद

दोनों फ़रिश्ते दोश[1] पर क्या लिख सकें हालत मिरी
आलूदा-ए-रन्ज-ओ-मिहन[2] एक इस तरफ़ एक उस तरफ़
1 कन्धा 2 दुख से भरे

रुख़्सार[1] तेरे सीम-गूँ[2] फिर उस प गुलगूने[3] का रंग
फूला है क्या रंग-ए-चमन एक इस तरफ़ एक उस तरफ़
1 गाल 2 चाँदी जैसे 3 गालों पर सजावट के लिए लगाई गई लाली

इतरा रहा है 'दाग़' क्या हंगाम-ए-गुलगश्त-ए-चमन[1]
रंगीं-क़बा[2] गुल-पैरहन[3] एक इस तरफ़ एक उस तरफ़
1 बाग़ की सैर करते हुए 2 रंगीन लिबास वाला 3 फूलों के लिबास वाला

(महताब-ए-दाग़)

ग़म उठाने के हैं हज़ार तरीक़[1]
कि ज़माने के हैं हज़ार तरीक़

1 तरीक़, ढंग

ग़ैर के ज़िक्र[1] पर नहीं मौक़ूफ़[2]
जी जलाने के हैं हज़ार तरीक़

1 चर्चा 2 निर्भर

मेह्रबानी[1] की एक राह तो हो
गर सताने के हैं हज़ार तरीक़

1कृपा

दिल में आया हज़ार राह से ग़म
इस ठिकाने के हैं हज़ार तरीक़[1]

1 रास्ता / रास्ते

उनको सौ-सौ बहाने आते हैं
हर बहाने के हैं हज़ार तरीक़

दी है मय[1] उसने ग़ैर[2] को झूठी
मुंह लगाने के हैं हज़ार तरीक़

1 शराब 2 रक़ीब

'दाग़' अब फ़ाक़ा-मस्त[1] बन बैठे
माँग खाने के हैं हज़ार तरीक़

1 निर्धनता में भी मस्त रहना

(गुलज़ार-ए-दाग़)

❁

दुआ' माँगे दिल-ए-ग़मगीं[1] कहाँ तक
कहूँ मैं दम-ब-दम[2] आमीं[3] कहाँ तक

1 दुखी दिल 2 पल-पल 3 तथास्तु

तिरे बीमार को आती नहीं मौत
पढ़े जाए कोई यासीं[1] कहाँ तक

1 कुर्आन की आयतें जो मौत के समय पढ़ी जाती हैं

तड़पने दो अभी मैं भी तो देखूँ
वो देते हैं मुझे तस्कीं[1] कहाँ तक

1 दिलासा

ख़ुदा उस बुत की बातों का है मुश्ताक़[1]
गया शोर-ए-लब-ए-शीरीं[2] कहाँ तक

1 लालयित 2 मीठे होठों की ख्याति

मिरा मुंह थक गया शुक्र-ए-जफ़ा[1] से
करूँ मैं आफ़रीं[2] तहसीं[3] कहाँ तक

1 अत्याचार पर आभार व्यक्त करना 2 शाबाश, वाह 3 प्रशंसा

(गुलज़ार-ए-दाग़)

साक़िया[1] अब्र[2] है दे जाम शिताब[3] एक पर एक
आज महफ़िल में गिरे मस्त-ए-शराब एक पर एक

1 शराब पिलाने वाला 2 बादल 3 जल्दी

गुल-ए-बाज़ी[1] है हसीनों में मिरा अफ़्साना[2]
फेंक देता है मोहब्बत की किताब एक पर एक

1 एक दूसरे पर फूल फेंकने का खेल 2 कहानी

जोश पर है जो तिरा हुस्न तो ऐ पर्दा-नशीं[1]
रोज़ करता है ग़ज़ब बन्द-ए-नक़ाब[2] एक पर एक

1 पर्दे में रहने वाली / वाला 2 नक़ाब का बंधन

तोड़ इस तरह से ऐ नाला-ए-दिल[1] सातों फ़लक[2]
कि गिरें टूट के ये ख़ाना-ख़राब[3] एक पर एक

1 दिल की फ़र्याद 2 आस्मान 3 घर बर्बाद करने वाला

लब-ए-जू[1] सैर को आया है जो वो बह्र-ए-जमाल[2]
टूटा पड़ता है तमाशे को हबाब[3] एक पर एक

1 नदी किनारे 2 सौंदर्य का समुन्दर 3 बुलबुला

याद आती है उन्हें दम-ब-दम[1] इक बात नई
रोज़ आता है मिरे ख़त का जवाब एक पर एक

1 पल पल

जब कभी 'दाग़' किया हमने सवाल-ए-बोसा[1]
सैकड़ों उसने दिए सख़्त जवाब एक पर एक

1 चुंबन की माँग

(गुलज़ार-ए-दाग़)

क्यों न जहाँ में हो अ'याँ[1] ऐ'ब-ओ-हुनर[2] अलग-अलग
देखते हैं ब-चश्म-ए-ग़ौर[3] अह्ल-ए-नज़र[4] अलग-अलग

1 स्पष्ट, प्रकट 2 बुराई-अच्छाई 3 ध्यान देने वाली आँख से 4 दृष्टिवान लोग

राह में उनको वह्म[1] था कोई न बद-गुमान[2] हो
आए तो साथ-साथ वो मुझसे मगर अलग-अलग

1 भ्रम, शंका, संदेह 2 दुर्भावना-ग्रस्त

किसका यक़ीन कीजिए किसका यक़ीं न कीजिए
लाए हैं उसकी बज़्म[1] से यार ख़बर अलग-अलग

1 महफ़िल

मैं हूँ इधर तो वो उधर मैं हूँ यहाँ तो वो वहाँ
रहते हैं मुझसे दूर दूर आठ पहर अलग-अलग

रन्ज-ए-फ़िराक़-ए-यार[1] भी सदमा-ए-रोज़गार[2] भी
एक दिल और इतने ग़म चाहिए घर अलग-अलग

1 विरह का दुख 2 संसार / जीवन के दुख

उनको ये वह्म है कहीं एक से एक मिल न जाएँ
लोग बहुत हैं बज़्म में सब हैं मगर अलग-अलग

हश्र[1] को उसने चुन लिए 'दाग़' गुनाहगार-ए-इ'श्क़
ताड़ गई हज़ार में उसकी नज़र अलग-अलग

1 प्रलय

(गुलज़ार-ए-दाग़)

मुझ सा न दे ज़माने को पर्वरदिगार[1] दिल
आशुफ़्ता[2] दिल फ़रेफ़्ता[3] दिल बेक़रार[4] दिल

1 पालनहार, ईश्वर 2 दीवाना 3 आसक्त 4 बेचैन

हर बार माँगती हैं नया चश्म-ए-यार[1] दिल
इक दिल के किस तरह से बनाऊँ हज़ार दिल

1 मा'शूक़ की आँख

करते हो अ'हृद-ए-वस्ल[1] तो इतना रहे ख़याल
पैमान[2] से ज़ियादा है ना-पाएदार[3] दिल

1 मिलन का वा'दा 2 वचन, वा'दा 3 अस्थाई

तासीर-ए-इ'श्क़[1] ये है तिरे अ'हृद-ए-हुस्न[2] में
मिट्टी का भी बनाएँ तो हो बेक़रार दिल

1 इ'श्क़ का असर 2 सौंदर्य का ज़माना

पहले पहल की चाह का कीजे न इम्तिहान
आना तो सीख ले अभी दो-चार बार दिल

ऐ अ'न्दलीब[1] तुझको लगे कब हवा-ए-इ'श्क़
कलियों की तरह तुझ में न फूटे हज़ार दिल

1 बुलबुल

मशहूर हैं सिकन्दर[1]-ओ-जम[2] की निशानियाँ
ऐ 'दाग़' छोड़ जाएँगे हम यादगार दिल

1,2 बादशाहों के नाम

(गुलज़ार-ए-दाग़)

❀

छक गए हैं आज इक साग़र[1] से हम
हाथ धो बैठे मय-ए-कौसर[2] से हम

1 शराब का प्याला 2 स्वर्ग की पवित्र शराब

बुतकदे में जा के उस बुत का पता
पूछते फिरते हैं हर पत्थर से हम

क़स्द-ए-सहरा[1] है दिल-ए-वीराँ[2] के साथ
इक बयाबाँ[3] ले चले हैं घर से हम

1 वीराने की ओर जाने का इरादा 2 वीरान दिल 3 वीराना

जब रग-ए-जाँ[1] से कमी करता है ख़ून
छेड़ देते हैं उसे निश्तर[2] से हम

1 जीवन-तंतु 2 छुरा, चाक़ू

किस क़दर कटती है राह-ए-शौक़[1] जल्द
तेज़ चलते हैं तिरे ख़न्जर[2] से हम

1 इ'श्क़ की राह 2 छुरा

क्या कहें किससे कहें किसके लिए
फिरते हैं चारों तरफ़ मुज़्तर[1] से हम

1 बेचैन

वो सितमगर[1] रू-ब-रू[2] होगा तो 'दाग़'
क्या कहेंगे दावर-ए-महशर[3] से हम

1 अत्याचारी 2 सामने 3 प्रलय के दिन फ़ैसला करने वाला, ख़ुदा

(गुलज़ार-ए-दाग़)

❀

महशर[1] में भी किसी के उठाएँगे नाज़[2] हम
ऐसे नियाज़-मन्द[3] हैं ऐ बेनियाज़[4] हम
1 प्रलय 2 अदा,नख़रा 3 विनम्र, आज्ञाकारी 4 निर्लिप्त मा'शूक़

होगी फ़क़त[1] शरीक-ए-दुआ'[2] एक बेकसी[3]
मय्यत[4] पर अपनी आप पढ़ेंगे नमाज़ हम
1 केवल 2 दुआ' में शामिल 3 लाचारी 4 शव

वाइ'ज़[1] यही न कह दे कि पैदा ही क्यों हुए
दुनिया में आएँ और रहें पाकबाज़[2] हम
1 उपदेशक 2 पवित्र

इसमें भी कोई भेद है तुम जानते नहीं
कहते हैं एक एक से क्यों दिल के राज़[1] हम
1 रहस्य

जब सुनते हैं कि आप प दो चार मर गए
दिलवाते हैं रक़ीबों[1] की अपने नियाज़[2] हम
1 मा'शूक़ के दूसरे आ'शिक़, प्रतिद्वंद्वी 2 मौत पर खिलाया जाने वाला खाना

वो दिन गए कि 'दाग़' थी हर दम बुतों की याद
पढ़ते हैं पाँच वक़्त की अब तो नमाज़ हम

(आफ़्ताब-ए-दाग़)

रश्क[1] से ग़ैरों[2] के जी खोते हैं हम
क्या बुरों की जान को रोते हैं हम
1 ईर्ष्या 2 रक़ीबों

बे-ख़ुदाना[1] अपनी हुश्यारी रही
जागते हैं कुछ तो कुछ सोते हैं हम
1 मस्ती के साथ

अपने घर रहने दे क्यों कर हूरवश[1]
हज़रत-ए-आदम[2] ही के पोते हैं हम
1 हूर की तरह सुंदर / मा'शूक़ 2 श्रीमान आदम

जाँकनी[1] अपना है काम ऐ कोहकन[2]
इ'श्क़ में पत्थर नहीं ढोते हैं हम
1 शरीर से प्राण का निकलना 2 पहाड़ काटने वाला, फ़र्हाद

'दाग़' है किसको मयस्सर[1] दर्द-ए-इ'श्क़
रन्ज[2] होता है तो ख़ुश होते हैं हम
1 उपलब्ध / प्राप्त / होना 2 दुख

(महताब-ए-दाग़)

बेकसी-ए-शब-ए-हिज्राँ[1] की मुझे ताब[2] नहीं
काश दुश्मन ही चले आएँ जो अहबाब[3] नहीं

1 विरह की रात की लाचारी 2 सहने की शक्ति 3 दोस्त (बहुवचन)

तुझ को ऐ बख़्त-ए-सियह[1] आग लगा कर देखूँ
शब-ए-हिज्राँ[2] में अगर जल्वा-ए-महताब[3] नहीं

1 दुर्भाग्य 2 विरह की रात 3 चाँदनी

देख बुतख़ाने में तस्वीर[1] का आ'लम[2] ऐ शेख़
याँ[3] मुसल्ला[4] नहीं मिंबर[5] नहीं महराब नहीं

1 चित्र 2 दृश्य 3 यहाँ 4 वो कपड़ा या चटाई जिस पर नमाज़ पढ़ते हैं
5 मस्जिद में बनी सीढ़ी-नुमा जगह जहाँ से इमाम संबोधित करता है

नामाबर[1] मुझसे ये कहता है कि तुम तो क्या हो
बादशह भी तो वहाँ क़ाबिल-ए-अल्क़ाब[2] नहीं

1 पत्र वाहक 2 उपाधियों / प्रशस्ति के लाइक़

न मिले मुझको मिरे हाल प रोने वाले
ऐ'श कैसा कि यहाँ ग़म के भी अस्बाब[1] नहीं

1 सामान, हालात

हाल-ए-दिल जिससे कहा उसने कहा बस ख़ामोश[1]
'दाग़' इस दर्द के सुनने की हमें ताब नहीं

1 चुप, चुप रहो

(गुलज़ार-ए-दाग़)

❁

क्या क्या फ़रेब[1] दिल को दिए इज़्तिराब[2] में
उनकी तरफ़ से आप लिखे ख़त जवाब में
1 धोखा 2 बेचैनी

क्या जानें क्या सिखाएँगे उनको सलाहकार
हर रोज़ गुफ़्तुगू[1] है नई मेरे बाब में
1 बातचीत 2 बारे में,, अध्याय, दरवाज़ा

पीर-ए-मुग़ाँ[1] की दिल-शिकनी[2] का रहा ख़याल
दाख़िल हुआ हूँ तौबा[3] से पहले सवाब[4] में
1 शराबख़ाने का मालिक 2 दिल तोड़ना / टूटना 3 किसी चीज़ को छोड़ने का प्रण 4 पुण्य

रखना क़दम तसव्वुर-ए-जानाँ[1] संभाल कर
काई है जा-ब-जा[2] मिरी चश्म-ए-पुर-आब[3] में
1 मा'शूक़ का ध्यान 2 जगह-जगह 3 आँसू भरी आँखें

ऐ शेख़ जो बताए मय[1]-ए-इ'श्क़ को हराम
ऐसे के दो लगाए भिगो कर शराब में
1 इ'श्क़ की शराब

ऐ 'दाग़' कोई मुझ सा न होगा गुनाहगार
है मा'सियत[1] से मेरी जहन्नम अ'ज़ाब[2] में
1 पाप 2 यातना

(गुलज़ार-ए-दाग़)

सोज़-ओ-गुदाज़-ए-इ'श्क़[1] का लज़्ज़त-चशीदा[2] हूँ
मानिन्द-ए-आब्ला[3] हमातन[4] आबदीदा[5] हूँ

1 इ'श्क़ में जलना और पिघलना 2 मज़ा चखे हुए 3 छाले की तरह 4 पूरे शरीर से 5 आँसू भरी आँख

गर तू न हो तो फिर किसी काफ़िर का दिल लगे
दोज़ख़[1] में आरमीदा[2] इरम[3] से रमीदा[4] हूँ

1 नर्क 2 आराम से 3 जन्नत 4 भागा हुआ

अल्लाह रे कशाकश-ए-दैर-ओ-हरम[1] कि मैं
ज़ालिम[2] हज़ार हाथ से दामन-दरीदा[3] हूँ

1 मंदिर-मस्जिद में संघर्ष / खींचातानी 2 ऐ अत्याचारी 3 फटे दामन वाला

पर्वाना पास शम्अ' के बुलबुल है गुल[1] के पास
इक मैं कि तेरी बज़्म[2] में ख़ल्वत-गजीदा[3] हूँ

1 फूल 2 महफ़िल 3 अकेलेपन का डसा हुआ

उफ़्तादगी[1] प भी न गई उसकी जुस्तुजू[2]
गोया[3] ज़मीं प साया-ए-मुर्ग़-ए-परीदा[4] हूँ

1 दुख, वेपत्ति 2 तलाश 3 जैसे 4 उड़ते पक्षी की छाया

ऐ आरज़ू-ए-ताज़ा[1] न कर मुझसे छेड़-छाड़
मैं पा-ए-शौक़-ओ-दस्त-ए-तमन्ना-बुरीदा[2] हूँ

1 नई कामना 2 प्रेम के पाँव और अभिलाषा के हाथों का कटा होना

ऐ 'दाग़' जिसके वास्ते रोज़-ए-जज़ा[1] बना
वो कौन है वो मैं ही तो आफ़त-रसीदा[2] हूँ

1 कर्मों का फल पाने का दिन 2 मुसीबत का मारा

(गुलज़ार-ए-दाग़)

❀

जफ़ा[1] पर जान देते हैं सितम[2] पर तेरे मरते हैं
ये नाकाम-ए-मोहब्बत सच तो ये है काम करते हैं
1,2 अत्याचार

कहें क्या हम प जो सदमे[1] गुज़रते हैं गुज़रते हैं
लगाया जिस घड़ी दिल उस घड़ी को याद करते हैं
1 दुख

तमाशा जब से देखा है मिरे दिल के तड़पने का
तमाशा है कि वो अपनी नज़र से आप डरते हैं

नहीं आते न आएँ वो गए ताब-ओ-तवाँ[1] जाएँ
तुझी पर आज हम ऐ बेक़रारी[2] सब्र[3] करते हैं
1 सहनशीलता और शक्ति 2 बेचैनी 3 धैर्य, संतोष

गली कूचों में तुमने इश्तिहार-ए-इ'श्क़[1] फैलाए
कि उड़-उड़ कर मिरे मक्तूब[2] के पुर्ज़े बिखरते हैं
1 इ'श्क़ के विज्ञापन, प्रचार 2 पत्र

अदा बेसाख़्ता[1] उन गेसुओं[2] की कुछ निराली है
बनाए से बिगड़ते हैं सँवारे से बिखरते हैं
1 अनायास 2 बालों

न पूछो 'दाग़' हमसे इन्तिज़ार-ए-यार की सूरत
ये आँखें जानती हैं ख़ूब जो नक़्शे गुज़रते हैं

(गुलज़ार-ए-दाग़)

जब कहा और भी दुनिया में हसीं[1] अच्छे हैं
क्या ही झुंझला के वो बोले कि हमीं अच्छे हैं

1 सुंदर मा'शूक़

किस भरोसे ये करें तुझसे वफ़ा की उम्मीद
कौन से ढंग तिरी जान-ए-हज़ीं[1] अच्छे हैं

1 दुखी जान

ख़ाक[1] में आह मिला कर हमें क्या पूछते हो
ख़ैर जिस तौर हैं हम ख़ाक-नशीं अच्छे हैं

1 धूल 2 साधारण, दुखी, विनम्र लोग

दिल में क्या ख़ाक जगह दूँ तिरे अर्मानों[1] को
कि मकाँ[2] है ये ख़राब और मकीं[3] अच्छे हैं

1 कामनाओं 2 मकान 3 मकान में रहने वाला

मुझको कहते हैं रक़ीबों[1] की बुराई सुन कर
वो नहीं तुमसे बुरे बल्कि कहीं अच्छे हैं

1 मा'शूक़ के अन्य आ'शिक़, प्रतिद्वंद्वी

बुत वो काफ़िर हैं कि ऐ 'दाग़' ख़ुदा उनसे बचाए
कौन कहता है ये ग़ारतगर-ए-दीं[1] अच्छे हैं

1 धर्म भ्रष्ट करने वाले

(गुलज़ार-ए-दाग़)

❁

साज़[1] ये कीना-साज़[2] क्या जानें
नाज़[3] वाले नियाज़[4] क्या जानें

1 मेल-मिलाप, दोस्ती 2 द्वेष रखने वाला 3 अभिमान 4 भक्ति भाव

शम्अ'-रू[1] आप गो[2] हुए लेकिन
लुत्फ़-ए-सोज़-ओ-गुदाज़[3] क्या जानें

1 रौशन चेहरे वाला 2 यद्यपि 3 जलने पिघलने का आनंद

कब किसी दर[1] की जब्हः-साई[2] की
शेख़[3] साहब नमाज़ क्या जानें

1 चौखट 2 माथा रगड़ना 3 धर्म गुरू

पूछिए मयकशों[1] से लुत्फ़-ए-शराब[2]
ये मज़ा पाक-बाज़[3] क्या जानें

1 शराब पीने वाले 2 शराब का मजा 3 पवित्र लोग

जिन को अपनी ख़बर नहीं अब तक
वो मिरे दिल का राज़[1] क्या जानें

1 रहस्य

जो गुज़रते हैं 'दाग़' पर सदमे
आप बन्दा-नवाज़[1] क्या जानें

1 भक्त-वत्सल

(गुलज़ार-ए-दाग़)

❋

फिरा पयाम्बर[1] अपना ख़राब रस्ते में
दिया नसीब[2] ने अच्छा जवाब रस्ते में

1 संदेश वाहक 2 भाग्य

ये सच है राह-ए-मोहब्बत बड़ी है टेढी खीर
न. आए ख़िज्र[1] कभी इस ख़राब रस्ते में

1 एक पैग़म्बर जो भटके लोगों को रास्ता दिखाते हैं

भटकते फिरते हैं इस रहगुज़ार[1] में आ'शिक़
मुसाफ़िरों की है मिट्टी ख़राब रस्ते में

1 रास्ता

गली से यार की हम उठ के चल चुके थे मगर
मचल गया दिल-ए-पुर-इज़्तिराब[1] रस्ते में

1 बेचैन दिल

वो रस्ता काट के चलते हैं इस लिए मुझसे
कि कुछ कहे न ये ख़ाना-ख़राब[1] रस्ते में

1 अपना घर बर्बाद करने वाला

बग़ल में दाब के ले चल अ'दम[1] को शीशा-ए-मय[2]
मिलेगी 'दाग़' न तुझको शराब रस्ते में

1 परलोक 2 शराब की सुराही

(गुलज़ार-ए-दाग़)

ज़ाहिद[1] न कह बुरे कि ये मस्ताने आदमी हैं
तुझ को लिपट पड़ेंगे दीवाने आदमी हैं
1 धर्म परायण व्यक्ति

जो आदमी प गुज़री वो इक सिवा तुम्हारे
क्या जी लगा के सुनते अफ़्साने[1] आदमी हैं
1 कहानी

क्या चोर हैं जो हमको दरबाँ[1] तुम्हारा टोके
कह दो कि ये तो जाने-पहचाने आदमी हैं
1 दरबान, पहरेदार

तुमने हमारे दिल में घर कर लिया तो क्या है
आबाद करते आख़िर वीराने आदमी हैं

नासेह[1] से कोई कह दे कीजे कलाम[2] ऐसा
हज़रत[3] को ताकि कोई ये जाने आदमी है
1 उपदेशक 2 बात 3 श्रीमान

मैं वो बशर[1] कि मुझसे हर आदमी को नफ़रत
तुम शम्अ' वो कि तुम पर पर्वाने आदमी हैं
1 आदमी

शाबाश 'दाग़' तुझको क्या तेग़-ए-इ'श्क़[1] खाई
जी करते हैं वही जो मर्दाने आदमी हैं
1 मोहब्बत की तल्वार

(गुलज़ार-ए-दाग़)

क्या कहा फिर तो कहो दिल की ख़बर कुछ भी नहीं
क्यों ये क्या है ख़म-ए-गेसू[1] में अगर कुछ भी नहीं

1 बालों का घुंघरालापन

न बसारत[1] न इशारत[2] न ख़जालत[3] न हया[4]
तुझ में तो देखने को दीदा-ए-तर[5] कुछ भी नहीं

1 दृष्टि 2 इशारा 3 लज्जित होना, पश्चाताप 4 लज्जा 5 भीगी आँख

आँख पड़ती है कहीं पाँव कहीं पड़ता है
सबकी है तुमको ख़बर आपनी ख़बर कुछ भी नहीं

का'बे[1] जाना भी तो बुतख़ाने से हो कर ज़ाहिद[2]
दूर इस राह से अल्लाह का घर कुछ भी नहीं

1 अल्लाह का घर जहाँ हज किया जाता है 2 धर्म परायण व्यक्ति

लामकाँ[1] में भी तो कुछ जल्वा[2] नज़र आता है
बेकसी[3] में तो उधर हूँ कि जिधर कुछ भी नहीं

1 शून्य जहाँ ख़ुदा रहता है 2 रौशनी, उपस्थिति 3 लाचारी

इक जफ़ा[1] तेरी जो कुछ भी नहीं तो सब कुछ है
इक वफ़ा मेरी कि सब कुछ है मगर कुछ भी नहीं

1 अत्याचार

ग़ैर के वस्ल[1] का इन्कार मज़ा देता है
फिर उसी तर्ह कहो बार-ए-दिगर[2] कुछ भी नहीं

1 मिलन 2 दोबारा

(गुलज़ार-ए-दाग़)

जल्वे मिरी निगाह में कौन-ओ-मकाँ[1] के हैं
मुझसे कहाँ छुपेंगे वो ऐसे कहाँ के हैं

1 सृष्टि/ संसार, ब्रहमांड

जिस रोज़ कुछ शरीक हुई मेरी मुश्त-ए-ख़ाक[1]
उस रोज़ से ज़मीं प सितम आस्माँ के हैं

1 मुट्ठी भर मिट्टी

नासेह[1] के सामने कभी सच बोलता नहीं
मेरी ज़बाँ में रंग तुम्हारी ज़बाँ के हैं

1 उपदेशक

आ'शिक़ तिरे अदम[1] को गए किस क़दर तबाह
पूछा हर एक ने ये मुसाफ़िर कहाँ के हैं

1 परलोक

हर-चंद[1] 'दाग़' एक ही अ'य्यार[2] है मगर
दुश्मन[3] भी तो छटे हुए सारे जहाँ के हैं

1 यद्यपि 2 धूर्त, चतुर 3 रक़ीब

(गुलज़ार-ए-दाग़)

बात मेरी कभी सुनी ही नहीं
जानते वो बुरी भली ही नहीं

लुत्फ़-ए-मय[1] तुझसे क्या कहूँ ज़ाहिद[2]
हाय कम-बख़्त[3] तू ने पी ही नहीं

1 शराब का मज़ा 2 धर्म परायण व्यक्ति 3 अभागे

उड़ गई यूँ वफ़ा ज़माने से
कभी गोया[1] किसी में थी ही नहीं

1 जैसे

हम तो दुश्मन[1] को दोस्त कर लेते
पर करें क्या तिरी ख़ुशी ही नहीं

1 रक़ीब

हम तिरी आरज़ू[1] प जीते हैं
ये नहीं है तो ज़िन्दगी ही नहीं

1 चाहत

दिल-लगी दिल-लगी नहीं नासेह[1]
तेरे दिल को अभी लगी ही नहीं

1 उपदेशक

'दाग़' क्यों तुमको बेवफ़ा कहता
वो शिकायत का आदमी ही नहीं

(गुलज़ार-ए-दाग़)

❁

किसी की नर्गिस-ए-मख़्मूर[1] कुछ कह दे इशारों में
मज़ा है रात दिन चलती रहे पर्हेज़गारों[2] में

1 नशीली आँखें 2 पाप से बचने वाले लोग

जुनूँ में देखिए मैदान किसके हाथ रहता है
पड़ी है आब्लों[1] में फूट और एका है ख़ारों[2] में

1 छालों 2 काँटों

वो शर्माई हुई आँखें वो घबराई हुई बातें
निकल कर घर से वो घिरना तिरा उम्मीदवारों में

पलक उठती नहीं मेरी तरफ़ क्या थक गईं आँखें
अभी तो हो रही थीं ग़ैर[1] से बातें इशारों में

1 रक़ीब

कोई जन्नत[1] का ख़्वाहाँ[2] है कोई कौसर[3] का तालिब[4] है
उड़ा करती है बे पर की हमेशा बादा-ख़्वारों[5] में

1 स्वर्ग 2,4 इच्छुक 3 स्वर्ग की एक काल्पनिक नहर 5 शराब पीने वाले

जलाना 'दाग़' का अच्छा नहीं ये दम ग़नीमत[1] है
कि ऐसा बावफ़ा इक आध निकलेगा हज़ारों में

1 ठीक, अच्छा, काम चलाऊ

(गुलज़ार-ए-दाग़)

❁

कोई जाने तो क्या जाने वो यक्ता[1] है हज़ारों में
सितम-गारों[2] में अ'य्यारों[3] में दिलदारों[4] में यारों में

1 अद्वितीय 2 अत्याचारियों 3 चालाकों, मक्कारों 4 प्रेमियों

किसी का दिल तो क्या शीशा[1] न टूटा बादा-ख़्वारों[2] में
ये तौबा टूट कर क्यों जा मिली पर्हेज़गारों[3] में

1 शराब की सुराही 2 मदिरा-पान करने वाले 3 पापों से बचने वाले लोग

कहाँ है दुख़्तर-ए-रज़[1] ऐ मोहतसिब[2] हम बादा-ख़्वारों में
तिरे डर से वो काफ़िर जा छुपी पर्हेज़गारों में

1 अंगूर की बेटी / शराब 2 धर्म-अधिकारी

कोई ग़ुन्चा-दहन[1] हँस कर हमें अब क्या हँसाएगा
बहारें हमने लूटी हैं बहुत अगली बहारों में

1 कलियों जैसे मुंह वाला

इन्हीं लोगों के आने से तो मयख़ाने[1] की अ'ज़्मत[2] है
क़दम लो शेख़ के तशरीफ़ लाए बादा-ख़्वारों में

1 शराबख़ाना 2 बड़ाई

वो कतरा कर चले हैं मयकदे[1] से हज़रत[2]-ए-ज़ाहिद[3]
बड़े मुर्शिद[4] हैं हाथों हाथ लाना उनको यारों में

1 शराब-ख़ाना 2 श्रीमान 3 धर्म परायण व्यक्ति 4 धर्म गुरू

पड़ा रोया करे वो 'दाग़' बेकस[1] इस तरह तन्हा[2]
कि जिसकी रात दिन हँस बोल कर गुज़री हो यारों में

1 लाचार 2 अकेला

(गुलज़ार-ए-दाग़)

❁

दैर[1] से का'बे[2] को डरते हुए हम जाते हैं
देख लेता है जो कोई वहीं थम जाते हैं

1 मंदिर 2 जहाँ हज किया जाता है

आपने घर से निकाला हमें हम जाते हैं
फिर न आएँगे कभी खा के क़सम जाते हैं

बे-ख़ता[1] सर मिरे क़ासिद[2] का क़लम[3] होता है
ग़ैर[4] को तोहफ़े[5] में बन बन के क़लम जाते हैं

1 निर्दोष 2 संदेश वाहक 3 कटना 4 रक़ीब 5 उपहार

दिल का क्या हाल कहूँ सुब्ह को जब उस बुत ने
ले के अँगड़ाई कहा नाज़[1] से हम जाते हैं

1 अदा, अभिमान, हाव-भाव, अन्दाज़

हज़रत-ए-'दाग़' ये है कूचा-ए-क़ातिल[1] उठिए
जिस जगह बैठते हैं आप तो जम जाते हैं

1 क़ातिल की गली

(गुलज़ार-ए-दाग़)

तेरी सूरत को देखता हूँ मैं
उसकी क़ुदरत[1] को देखता हूँ मैं

1 ईश्वर की लीला

जब हुई सुब्ह आ गए नासेह[1]
उन्हीं हज़रत[2] को देखता हूँ मैं

1 उपदेशक 2 श्रीमान

वो मुसीबत सुनी नहीं जाती
जिस मुसीबत को देखता हूँ मैं

देखने आए हैं जो मेरी नब्ज़[1]
उनकी सूरत को देखता हूँ मैं

1 नाड़ी

मौत मुझ को दिखाई देती है
जब तबीअ'त[1] को देखता हूँ मैं

1 दिल, हालत

दूर बैठा हुआ सर-ए-महफ़िल[1]
रंग-ए-सोहबत[2] को देखता हूँ मैं

1 महफ़िल में 2 लोगों के मिलन-जुलने का अन्दाज़

न मोहब्बत को जानते हो तुम
न मुरव्वत[1] को देखता हूँ मैं

1 किसी का दिल रखना/ दूसरों का ध्यान रखना

(गुलज़ार-ए-दाग़)

❁

कर न ले अपना ठिकाना दुश्मन
दोस्त नादान[1] है दाना[2] दुश्मन

1 नासमझ 2 समझदार

देखे गर उसकी पलक या अल्लाह
तो हो तीरों का निशाना दुश्मन

दीदा-ए-तर[1] न बहाना आँसू
ढूँढते हैं ये बहाना दुश्मन

1 भीगी आँख

दोस्त को दोस्त न समझा तुमने
और दुश्मन को न जाना दुश्मन

दोस्ती की न रहे फिर उम्मीद
काश हो जाए ज़माना दुश्मन

दुश्मन-ए-जाँ[1] हैं बहुत पर ऐ इ'श्क़
तुझे जाना तुझे माना दुश्मन

1 जानी दुश्मन

तुम समझते हो उसे यार-ए-क़दीम[1]
दिल है ऐ 'दाग़' पुराना दुश्मन

1 पुराना दोस्त

(गुलज़ार-ए-दाग़)

चाक हो पर्दा-ए-वहशत मुझे मन्जूर[1] नहीं
वर्ना ये हाथ गरेबान से कुछ दूर नहीं

1 स्वीकार

सज्दे करने से मिटा ख़त्त-ए-जबीं[1] ऐ ज़ाहिद[2]
हम कहे देते हैं क़िस्मत में तिरी हूर नहीं

1 माथे की लकीर 2 धर्म परायण व्यक्ति

मोहतसिब[1] माने-ए'-इ'ल्लत[2] है गुमान-ए-मय[3] से
सूँघने को भी मयस्सर[4] मुझे अंगूर नहीं

1 धर्म-अधिकारी 2 बुराई से रोकना 3 शराब का भ्रम 4 उपलब्ध

लब[1] तक आई थी शिकायत कि मोहब्बत ने कहा
देख पछताएगा ख़ामोश ये दस्तूर[2] नहीं

1 होंठ 2 रीति

रात दिन नामा-ओ-पैग़ाम[1] कहाँ तक होंगे
साफ़ कह दीजिए मिलना हमें मन्जूर नहीं

1 पत्रों और संदेशों का आदान प्रदान

तुमने दी कोहकन-ओ-क़ैस[1] से मुझको निस्बत[1]
कोई दीवाना नहीं मैं कोई मज्दूर नहीं

1 प्रेम कथाओं के नायक 2 संबंध

क्या करे 'दाग़' कोई उसकी मोहब्बत का इ'लाज
वो कलेजा ही नहीं जिसमें ये नासूर[1] नहीं

(गुलज़ार-ए-दाग़)

❁

बुत को बुत और ख़ुदा को जो ख़ुदा कहते हैं
हम भी देखें तो उसे देख के क्या कहते हैं

जो भले हैं वो बुरों को भी भला कहते हैं
न बुरा सुनते हैं अच्छे न बुरा कहते हैं

बज़्म-ए-अहबाब[1]-ओ-मय-ए-नाब[2] विसाल-ए-मा'शूक़[3]
अब किसी शय[4] में नहीं जिसको मज़ा कहते हैं
1 दोस्तों की महफ़िल 2 शुद्ध शराब 3 मा'शूक़ का मिलन 4 चीज़

मैं गुनहगार अगर इ'श्क़-मजाज़ी[1] है गुनाह
मैं ख़तावार[2] अगर इसको ख़ता[3] कहते हैं
1 लौकिक प्रेम 2 दोषी 3 दोष, भूल

पहले तो 'दाग़' की ता'रीफ़[1] हुआ करती थी
अब ख़ुदा जाने वो क्यों उसको बुरा कहते हैं
1 प्रशंसा

(आफ़्ताब-ए-दाग़)

❁

मजाल किसकी है ऐ सितमगर[1] सुनाए तुझको जो चार बातें
भला किया ऐ'तिबार[2] तूने हज़ार मुंह हैं हज़ार बातें

1 अत्याचारी / मा'शूक़ 2 विश्वास

जो कैफ़ियत[1] देखनी है ज़ाहिद[2] तो चल के तू देख मयकदे[3] में
बहक बहक कर मज़े मज़े की सुनाएँगे बादा-ख़्वार[4] बातें

1 आनंद की अवस्था 2 धर्म परायण व्यक्ति 3 शराबख़ाना 4 शराब पीने वाले

फ़साना[1]-ए-दर्द-ओ-ग़म सुनाया तो बोले वो झूठ बोलता है
सुनी हुई है बहुत कहानी न हमसे ऐसी बघार बातें

1 कहानी

अभी से है कुछ उदास क़ासिद[1] अभी से है बद-हवास[2] क़ासिद
संभल संभल कर समझ समझ कर करेगा क्या बेक़रार[3] बातें

1 संदेश-वाहक 2 उद्विग्न, बौखलाया हुआ 3 बेचैन

तुम्हारी तहरीर[1] में है पहलू तुम्हारी तक़्रीर[2] में है जादू
फँसे न किस तर्ह दिल हमारा जहाँ हों ये पेचदार बातें

1 लिखावट 2 बोलना

बुरी बला है ये 'दाग़'-ए-पुर-फ़न[1] तुम इसको हर्गिज़[2] न मुंह लगाना
वगर्ना[3] ढब पर लगा ही लेगा सुनीं अगर उसकी चार बातें

1 चालाक, चतुर 2 कभी नहीं 3 नहीं तो

(अफ़्ताब-ए-दाग़)

❋

बुतान-ए-माहवश[1] उजड़ी हुई मन्ज़िल में रहते हैं
कि जिसकी जान जाती है उसी के दिल में रहते हैं

1 चाँद जैसी मुर्तियाँ / मा'शूक़

ज़मीं पर पाँव नफ़रत से नहीं रखते परी-पैकर[1]
ये गोया[2] इस मकाँ[3] की दूसरी मन्ज़िल में रहते हैं

1 परी जैसी काया वाले / मा'शूक़ 2 जैसे 3 मकान

मुहीत-ए-इ'श्क़[1] की हर मौज तूफ़ाँ-ख़ेज़[2] ऐसी है
वो हैं गिर्दाब[3] में जो दामन-ए-साहिल[4] में रहते हैं

1 प्रेम-सागर 2 तूफ़ानी 3 भँवर 4 किनारे का फैलाव

ख़ुदा रक्खे मोहब्बत ने किए आबाद[1] दोनों घर
मैं उनके दिल में रहता हूँ वो मेरे दिल में रहते हैं

1 बसाना

जो होती ख़ूब-सूरत तो न छुपती क़ैस[1] से लैला
मगर ऐसे ही वैसे पर्दा-ए-महमिल[2] में रहते हैं

1 मज्नूँ का असली नाम 2 ऊँटनी की पीठ पर रखे हौदे का पर्दा

हमारे साए से बचता है हर इक बज़्म[1] में उसकी
हमें देखो कि हम तन्हा भरी महफ़िल में रहते हैं

1 महफ़िल

कोई नाम-ओ-निशाँ[1] पूछे तो ऐ क़ासिद[2] बता देता
तख़ल्लुस[3] 'दाग़' है वो आ'शिक़ों के दिल में रहते है

1 नाम और पता 2 संदेश वाहक 3 उपनाम

(आफ़्ताब-ए-दाग़)

राह पर उनको लगा लाए तो हैं बातों में
और खुल जाएँगे दो चार मुलाक़ातों में

या रब उस चाँद से टुकड़े को कहाँ से लाऊँ
रौशनी जिसकी हो इन तारों भरी रातों में

तुम्ही इन्साफ़ से ऐ हज़रत-ए-नासेह[1] कह दो
लुत्फ़[2] उन बातों में आता है कि इन बातों में

1 उपदेशक महोदय 2 मज़ा

दौड़ कर दस्त-ए-दुआ'[1] साथ दुआ' के जाते
हाय पैदा न हुए पाँव मेरे हाथों में

1 दुआ' के हाथ

हफ़्त[1] अफ़्लाक[2] हैं लेकिन नहीं खुलता ये हिजाब[3]
कौन सा दुश्मन-ए-उ'श्शाक़[4] है इन सातों में

1 सात 2 आस्मान (बहुवचन) 3 पर्दा 4 आ'शिक़ों का दुश्मन

भेजे देता है उन्हें इ'श्क़ मता-ए'-दिल-ओ-जाँ[1]
एक सरकार लुटी जाती है सौग़ातों[2] में

1 दिल और जान की दौलत 2 उपहारों

वो गए दिन जो रहे याद बुतों की ऐ 'दाग़'
रात भर अब तो गुज़रती है मुनाजातों[1] में

1 प्रार्थनाओं

(आफ़्ताब-ए-दाग़)

भवें तनती हैं ख़न्जर हाथ में है तन के बैठे हैं
किसी से आज बिगड़ी है कि वो यूँ बन के बैठे हैं

इलाही[1] क्यों नहीं उठती क़यामत माजरा[2] क्या है
हमारे सामने पहलू में वो दुश्मन के बैठे हैं
1 या ख़ुदा 2 क़िस्सा, मामला

असर[1] है जज़्ब-ए-उल्फ़त[2] में तो खिंच कर आ ही जाएँगे
हमें पर्वा[3] नहीं हमसे अगर वो तन के बैठे हैं
1 प्रभाव 2 प्रेम-आकर्षण 3 चिंता

सुबुक[1] हो जाएँगे गर जाएँगे वो बज़्म[2]-ए-दुश्मन में
कि जब तक घर में बैठे हैं वो लाखों मन के बैठे हैं
1 हल्का, अपमानित 2 महफ़िल

निगाह-ए-शोख़[1]-ओ-चश्म-ए-शौक़[2] में दर-पर्दा[3] छनती है
कि वो चिलमन[4] में हैं नज़्दीक[5] हम चिलमन के बैठे हैं
1चंचल दृष्टि 2 प्यार भरी आँख 3 अन्दर अन्दर 4 जालीदार, तीलियों का बना पर्दा 5 पास

ये उठना बैठना महफ़िल में उनका रंग लाएगा
क़यामत[1] बन के उट्ठेंगे भभूका[2] बन के बैठे हैं
1 प्रलय 2 शोला

कोई छींटा पड़े तो 'दाग़' कलकत्ते चले जाएँ
अ'ज़ीमाबाद[1] में हम मुन्तज़िर[2] सावन के बैठे हैं
1 पटना का पहले वाला नाम 2 प्रतीक्षा में

(आफ़्ताब-ए-दाग़)

उ'ज़्र[1] आने में भी है और बुलाते भी नहीं
बाइ'स-ए-तर्क-ए-मुलाक़ात[2] बताते भी नहीं

1 आपत्ति, टाल-मटोल, बहाना 2 मुलाक़ात न करने का कारण

मुन्तज़िर[1] हैं दम-ए-रुख़्सत[2] कि ये मर जाए तो जाएँ
फिर ये एहसान कि हम छोड़ के जाते भी नहीं

1 प्रतीक्षा में 2 चलते / मरते समय

क्या कहा फिर तो कहो हम नहीं सुनते तेरी
नहीं सुनते तो हम ऐसों को सुनाते भी नहीं

ख़ूब पर्दा है कि चिलमन[1] से लगे बैठे हैं
साफ़ छुपते भी नहीं सामने आते भी नहीं

1 जालीदार, तीलियों का बना पर्दा

मुझसे लाग़र[1] तिरी आँखों में खटकते तो रहे
तुझसे नाज़ुक[2] मिरी नज़रों में समाते भी नहीं

1 कमज़ोर 2 कोमल

हो चुका क़त-ए'-तअ'ल्लुक़[1] तो जफ़ाएँ क्यों हों
जिन को मत्लब नहीं रहता वो सताते भी नहीं

1 संबंध टूटना

जीस्त[1] से तंग हो ऐ 'दाग़' तो जीते क्यों हो
जान प्यारी भी नहीं जान से जाते भी नहीं

1 जीवन

(महताब-ए-दाग़)

❁

क्या मिलेगा कोई हसीं[1] न कहीं
जी बहल जाएगा कहीं न कहीं

1 सुंदर (मा'शूक़)

है कदूरत[1] भरी हुई उसमें
आस्माँ पर भी हो ज़मीं न कहीं

1 मैल, दुर्भावना

हाल पहलू बचा के लिखा है
ताड़ जाए वो नुक़्ता-चीं[1] न कहीं

1 बुराइयाँ निकालने वाला, आलोचक / मा'शूक़

आपकी गुफ़्तुगू[1] का क्या कहना
चार बातें भी दिल-नशीं[2] न कहीं

1 बातचीत 2 दिल में घर करने वाला / वाली

ग़ैर देता है क्यों मुझे साग़र[1]
साँप हो ज़ेर-ए-आस्तीं[2] न कहीं

1 प्याला 2 आस्तीन के अन्दर

तेरे आ'शिक़ हैं काफ़िर-ओ-दींदार[1]
एक हो जाए कुफ़्र-ओ-दीं[2] न कहीं

1 नास्तिक और धार्मिक लोग 2 नास्तिका और धर्म

'दाग़' फिर ताक झाँक करते हैं
अब घिरे अब फँसे कहीं न कहीं

(महताब-ए-दाग़)

❁

तुझसे क्या निस्बत[1] कि थे लैला के काले हाथ पाँव
हक़[2] ने तेरे नूर[3] के साँचे में ढाले हाथ पाँव
1 संबंध 2 ख़ुदा 2 रौशनी

हाथ पकड़े मुझको खींचे फिर सु-ए-दश्त-ए-बला[1]
ऐ जुनूँ[2] अब कर दिए तेरे हवाले हाथ पाँव
1 डरावने वीराने की ओर 2 दीवानगी

ख़्वाह[1] बाँधें ख़्वाह जकड़ें इनको जन्जीरों में वो
हमने उन जुल्फ़ों के हाथों बेच डाले हाथ पाँव
1 चाहे

हाथ उलझे जेब से फिर पाँव लिपटे ख़ार[1] से
हमने ज़िन्दाँ[2] से निकलते ही निकाले हाथ पाँव
1 काँटा 2 क़ैदख़ाना

सर सिनाँ[1] ने सीना ख़न्जर[2] ने लिया नावक[3] ने दिल
हैं ये तेरी नज़्र[4] ऐ तेग़-ए-जफ़ा[5] ले हाथ पाँव
1 बर्छी 2 छुरा 3 तीर 4 भेंट 5 अत्याचारी तल्वार

कर दिया है चूर हमको नश्शा-ए-उल्फ़त[1] ने 'दाग़'
अब भला कोई सँभलते हैं सँभाले हाथ पाँव
1 मोहब्बत का नशा

(गुलज़ार-ए-दाग़)

❄

सच है तेरी ही आरज़ू[1] मुझको
कहीं जीने दे यूँही तू मुझको

1 चाहत, प्रेम, कामना

बन्दा-ए-नौ-ख़रीद[1] हूँ हर दम
रखिए आँखों के रू-ब-रू[2] मुझको

1 नया ख़रीदा गया ग़ुलाम 2 सामने

कल तक उसकी तलाश थी लेकिन
आज है अपनी जुस्तुजू[1] मुझको

1 तलाश

पहले वो था कि तुम न थे आगाह[1]
अब वो हूँ सुन लो कू-ब-कू[2] मुझको

1 अवगत 2 हर तरफ़

वाँ[1] शिकायत प वो हिकायत[2] है
कि नहीं जा-ए-गुफ़्तुगू[3] मुझको

1 वहाँ 2 हाल, मामला 3 बात करने का अवसर

ऐ हयात-ए-दो-रोज़ा[1] ले आई
किन गिरफ़्तारियों में तू मुझको

1 दो दिन का जीवन

'दाग़' यकसू[1] हो ख़ुश[2] नहीं आती
ना-उमीदाना[3] आरज़ू[4] मुझको

1 निश्चिंत चिंता-मुक्त 2 ख़ुश नहीं आतीः अच्छा न लगना 3 निराशा के साथ 4 कामना

(गुलज़ार-ए-दाग़)

पोशीदा[1] जब हो राज़[2] कि मुंह में ज़बाँ न हो
हम बात भी करें तो बग़ैर-अज़-फ़ुग़ाँ[3] न हो

1 गुप्त 2 रहस्य 3 आर्तनाद / रूदन के बिना

ले जाएँ आह मुझको मिरी बद-गुमानियाँ[1]
ज़ालिम[2] वहाँ कि तेरा पता भी जहाँ न हो

1 बुरा सोचना 2 अत्याचारी

ज़ाहिद[1] अ'ज़ाब-ए-इ'श्क़-ए-सनम[2] लुत्फ़-ए-हक़[3] समझ
या'नी अ'ज़ाब हमको यहाँ हो वहाँ न हो

1 धर्म परायण व्यक्ति 2 मूर्ति / मा'शूक़ के प्रेम की यातना 3 ईश्वर-कृपा

नैरंगी-ए-चमन[1] जो मुझे याद आ गई
गुल[2] पर हुआ गुमान[3] कि बर्ग-ए-ख़िज़ाँ[4] न हो

1 बाग़ का जादू 2 फूल 3 भ्रम 4 पतझड़ का पत्ता

तुमको मज़ा न देगी कभी दास्तान-ए-इ'श्क़[1]
जब तक हमारे मुंह से ये क़िस्सा बयाँ न हो

1 प्रेम कहानी

नाक़े[1] को क़ैस[2] क्या न लगा लाए राह पर
लैला का राज़दार अगर सारबाँ[3] न हो

1 ऊँटनी 2 मज्नूँ का असली नाम 3 ऊँट चलाने वाला

तोहमत[1] किसी को ज़ुल्म की ऐ 'दाग़' क्यों लगाएँ
शिक्वा[2] बुतों से क्या जो ख़ुदा मेह्रबाँ[3] न हो

1 झूठा आरोप 2 शिकायत 3 कृपाशील

(गुलज़ार-ए-दाग़)

❁

क्या चाक[1] किया तूने मिरी जाँ मिरे दिल को
मेरा ही बनाया है गरेबाँ मिरे दिल को

1 फाड़ना, काटना

तुझको है क़सम दर्द-ए-मोहब्बत मिरे दिल की
तू चैन न देना किसी उ'न्वाँ[1] मिरे दिल को

1 हालत में, शीर्षक

या उस बुत-ए-गुमराह को ला राह-ए-वफ़ा पर
या फैर दे ऐ गर्दिश-ए-दौराँ[1] मिरे दिल को

1 समय चक्र

अच्छी कही, अच्छा नहीं कुछ दिल का लगाना
ये लग गई ऐ नासेह-ए-नादाँ[1] मिरे दिल को

1 नासमझ उपदेशक

तासीर[1] दिखा जाए मोहब्बत तो अ'जब क्या
सीने से लगा आज मिरी जाँ मिरे दिल को

1 प्रभावशीलता

कुछ दूर नहीं बुतकदा[1]-ओ-का'बा[2] समझ लें
काफ़िर[3] तिरी आँखों को मुसलमाँ मिरे दिल को

1 मंदिर 2 जहाँ हज किया जाता है 3 नास्तिक

है लुत्फ़[1] तो ये तुझको हो महशर[2] में भी इन्कार
और 'दाग़' कहे तूने लिया हाँ मिरे दिल को

1 मज़ा 2 प्रलय

(गुलज़ार-ए-दाग़)

दिल ले चला है बाँध के दिलबर[1] के रू-ब-रू[2]
जाता है इक असीर[3] सितमगर[4] के रू-ब-रू
1 मा'शूक़ 2 सामने 3 क़ैदी 4 अत्याचारी

उस बुत में इक ख़ुदाई का जल्वा है वर्ना शेख़[1]
सज्दे[2] किए से फ़ायदा पत्थर के रू-ब-रू
1 धर्म गुरू 2 सर झुकाना

आँसू बहा रहा हूँ ख़त-ए-यार[1] पढ़ के मैं
यूँ दाना डालता हूँ कबूतर के रू-ब-रू
1 मा'शूक़ का पत्र

हासिल हुई भी अ'क़्ल-ए-फ़लातूँ[1] अगर तो क्या
चलती नहीं किसी की मुक़द्दर[2] के रू-ब-रू
1 प्लैटो की बुद्धि 2 भाग्य

ऐ 'दाग़' होगा हमसे किसी का जवाब क्या
मिक़्दार[1]-ए-चश्मा[2] क्या है समुन्दर के रू-ब-रू
1 मात्रा, विस्तार 2 झरना

(गुलज़ार-ए-दाग़)

❁

ऐ फ़लक[1] चाहिए जी भर के नज़ारा[2] हमको
जाके आना नहीं दुनिया में दोबारा हमको

1 आस्मान 2 दर्शन, दृश्य

कभी ईमा[1] न किनाया[2] न इशारा हमको
कम-निगाही[3] ने तिरी जान से मारा हमको

1, 2 संकेत 3 उपेक्षा करना

हम किसी ज़ुल्फ़-ए-परेशाँ[1] की तरह ऐ तक़्दीर[2]
ख़ूब बिगड़े थे मगर ख़ूब सँवारा हमको

1 बिखरे बाल 2 भाग्य

जब खिंचे उनसे हुए और ज़ियादा मुज़्तर[1]
मरज़-ए-इ'श्क़[2] के पर्हेज़[3] ने मारा हमको

1 बेचैन 2 प्रेम-रोग 3 बचाव

रोज़ तक्रार[1] करे कौन ख़रीदारों से
दिल की इस गर्मी-ए-बाज़ार[2] ने मारा हमको

1 बहस 2 बाज़ार की चहल-पहल

आप से अब न बनेगा कोई सौदा अपना
फेर दीजे दिल-ए-बेताब[1] हमारा हमको

1 बेचैन दिल

बह्र-ए-हस्ती[1] में हुए कश्ती-ए-तूफ़ानी[2] हम
नहीं मिलता कहीं ऐ 'दाग़' किनारा हमको

1 जीवन-समुद्र 2 तूफ़ान में घिरी नाव

(गुलज़ार-ए-दाग़)

आ'शिक़ के दिल में और तिरी आरज़ू[1] न हो
इस बाग़ का तू फूल हो फिर इसमें बू[2] न हो
1 कामना 2 गंध

ऐ दर्द-ए-इ'श्क़ ख़ाना-ए-दिल[1] घर तिरा सही
आबाद[2] ये मकान तो जब हो कि तू न हो
1 दिल का घर 2 बसना

मैं रंग देख कर न करूँगा यक़ीं कभी
जब तक अ'दू[1] के ख़ून की ख़न्जर में बू न हो
1 रक़ीब, दुश्मन

चाक-ए-दिल-ए-रक़ीब[1] की जब फ़िक्र[2] कीजिए
पहले ये देख लीजिए पहला रफ़ू न हो
1 रक़ीब का कटा-फटा दिल 2 चिंता

इस फ़िक्र[1] में कुछ उनसे न हम बात कर सके
ये गुफ़्तुगू[2] न हो कहीं वो गुफ़्तुगू न हो
1 चिंता 2 बात-चीत

मुझको जनाब-ए-शेख़[1] की दा'वत[2] ज़रूर है
ऐसी कहीं शराब मिले जिसमें बू न हो
1 धर्म गुरू महोदय 2 खाने पर बुलाना

मिट्टी की मूरत इससे तो ऐ 'दाग़' ख़ूब है
मा'शूक़ क्या जो शोख़[1] न हो ख़ुश-गुलू[2] न हो
1 चंचल 2 अच्छी आवाज़ वाला

(आफ़्ताब-ए-दाग़)

❀

क्यों करते हो दुनिया की हर इक बात से तौबः[1]
मन्जूर तो है मेरी मुलाक़ात से तौबः
1 किसी चीज़ (ख़ास कर शराब) को छोड़ने का प्रण

ज़ाहिद[1] ने छुपाया है उसे गोशा-ए-दिल[2] में
भागी थी किसी रिन्द-ए-ख़राबात[3] से तौबः
1 धर्म परायण व्यक्ति 2 दिल का एक कोना 3 शराबख़ाने में शराब पीने वाला

ये फ़स्ल[1] अगर होगी तो हर रोज़ पिएँगे
हम मय[2] से करें तौबः कि बरसात से तौबः
1 मौसम 2 शराब

दुनिया की कोई बात ही अच्छी नहीं ज़ाहिद
इस बात से तौबः कभी उस बात से तौबः

मस्जिद नहीं दरबार है ये पीर-ए-मुग़ाँ[1] का
दरवाज़े के बाहर रहे औक़ात[2] से तौबः
1 शराब-ख़ाने का मालिक 2 हैसियत, सामर्थ्य

ये 'दाग़'-ए-क़दह-ख़्वार[1] के क्या जी में है आई
सुनते हैं किए बैठे हैं वो रात से तौबः
1 शराब पीने वाला

(महताब-ए-दाग़)

तबीअ'त[1] कोई दिन में भर जाएगी
चढ़ी है ये आँधी उतर जाएगी

1 दिल, हालत

रहेंगी दम-ए-मर्ग[1] तक ख़्वाहिशें[2]
ये निय्यत[3] कोई आज भर जाएगी

1 मरते समय तक 2 इच्छाएँ 3 इच्छा, संकल्प

रहे पैरवी[1] हिज्र[2] हो या विसाल[3]
कि इक बात आख़िर ठहर जाएगी

1 किसी के पीछे चलना 2 जुदाई 3 मिलन

मोहब्बत में ऐ दिल न डर, सर प खेल
वो बाज़ी नहीं ये कि हर जाएगी

न गुज़री शब-ए-हिज्र[1] समझे थे हम
तड़पते फड़कते गुज़र जाएगी

1 जुदाई की रात

दिया दिल तो ऐ 'दाग़' अन्देशा[1] क्या
गुज़रनी जो होगी गुज़र जाएगी

1 आशंका, चिंता, डर

(गुलज़ार-ए-दाग़)

❁

सौदा[1] है जो दिल दे के ख़रीदार से उलझे
सुलझे हुए हमसे न कभी यार से उलझे

1 दीवानगी, सामान

होने न दिया रश्क[1] ने इज़्हार-ए-तमन्ना[2]
हर बात में हम अपनी ही गुफ़्तार[3] से उलझे

1 ईर्ष्या 2 चाहत प्रकट करना 3 बात

उलझाव से उलझा वहीं इस इ'श्क़ में या-रब
दिलदार से अटके थे कि अग़यार[1] से उलझे

1 दुश्मन, रक़ीब

क्या सैर हो शाने[1] से लड़े गर दिल-ए-सद-चाक[2]
एक एक गिरफ़्तार गिरफ़्तार से उलझे

1 कंधा, कंघा 2 टुकड़े टुकड़े दिल

अटके तो किसी चश्म-ए-फ़ुसूँ-साज़[1] से अटके
उलझे तो किसी तुर्रा-ए-तर्रार[2] से उलझे

1 जादू करने वाली आँख 2 मा'शूक़ की जुल्फ़ें

चोरी से भी पहुँचे न तिरे घर में कभी हम
बर्सों युँही ख़ार-ए-सर-ए-दीवार[1] से उलझे

1 दीवार पर लगी काँटों की बाढ़

खुलते नहीं तुम 'दाग़' उलझती है तबीअ'त[1]
अच्छे किसी अ'य्यार[2] से मक्कार से उलझे

1 दिल, हालत 2 धूर्त, छली

(गुलज़ार-ए-दाग़)

❁

ये बात क्या दम-ए-रफ़्तार[1] होती आती है
कि अपने साए[2] से तक्रार[3] होती आती है

1 चलते हुए 2 परछाईं 3 बहस

शब-ए-विसाल[1] क़यामत थी जब किसी ने कहा
वो देख सुब्ह नुमूदार[2] होती आती है

1 मिलन की रात 2 प्रकट होना

तुम्हारे कूचे[1] में क्या ताज़ा गुल[2] खिला कोई
सबा[3] जब आती है गुलज़ार[4] होती आती है

1 गली 2 फूल, गुल खिलानाः कुछ नया / अनोखा होना 3 हवा 4 बाग़

ये किस ग़ज़ब की है आमद[1] तिरी ख़ुदा की पनाह
निगाह नाज़[2] से तल्वार होती आती है

1 आना 2 अभिमान

अज़ल[1] के दिन से है मिट्टी ख़राब आ'शिक़ की
ये मुश्त-ए-ख़ाक यूँही ख़्वार[3] होती आती है

1 आदिकाल / सृष्टि का आरंभ 2 मुट्ठी भर मिट्टी 3 अपमानित

चुरा के भाग गए दिल फिर आप पूछते हैं
ये धूम क्या सर-ए-बाज़ार[1] होती आती है

1 बाज़ार में

तुम्हीं ने 'दाग़' निराले नहीं उठाए सितम[1]
युँही सलफ़[2] से मिरे यार होती आती है

1 अत्याचार 2 पूर्वजों

(गुलज़ार-ए-दाग़)

❁

क़ौल[1] तेरा शौक़[2] मेरा चाहिए
झूठ सच के वास्ते[3] क्या चाहिए

1 बात, प्रण 2 चाहत 3 के लिए

हो सके क्या अपनी वहशत[1] का इ'लाज
तेरे कूचे[2] में भी सहरा[3] चाहिए

1 दीवानगी 2 गली 3 वीराना

गो[1] तिरी नज़रों से कल गिर ही पड़ें
आज तो कोई सहारा चाहिए

1 यद्यपि

हर तरफ़ है तेरे बीमारों का शोर
हर गली में इक मसीहा[1] चाहिए

1 मुर्दे में जान डालने वाला, चिकित्सक

क्यों न छाए मय-कशों[1] के सर पर अब्र[2]
कुछ गुनहगारों का पर्दा चाहिए

1 शराब पीने वाले 2 बादल

काश दे कर कुछ गिरह[1] से हो निजात[2]
तुझको जाहिद[3] दीन[4]-ओ-दुनिया चाहिए

1 गाँठ जिस में पैसे रखे जाते हैं 2 मुक्ति, छुटकारा 3 धर्म परायण व्यक्ति 4 धर्म

क्यों नहीं देते तसल्ली[1] दाग़ को
उससे लीजे गर तमन्ना चाहिए

1 ढारस, सांत्वना

(गुलज़ार-ए-दाग़)

मुझे ऐ अह्ल-ए-का'बा[1] याद क्या मय-ख़ाना[2] आता है
उधर दीवाना जाता है इधर मस्ताना आता है

1 मस्जिद वाले 2 शराबख़ाना

न दिल में ग़ैर[1] आता है न साहब-ख़ाना[2] आता है
नज़र चारों तरफ़ वीराना ही वीराना आता है

1 बेगाना 2 घर का मालिक

मिरी मिज़्गाँ[1] से आँसू पोछता है किस लिए नासेह[2]
टपक पड़ता है ख़ुद जो इस शजर[3] में दाना आता है

1 पलकें 2 उपदेशक 3 पेड़

दम-ए-तक़रीर[1] नाले[2] हल्क़ में छुरियाँ चुभोते हैं
ज़बाँ तक टुकड़े हो हो कर मिरा अफ़्साना[3] आता है

1 बात करते समय 2 आर्तनाद / रोना 3 कहानी

रुख़[1]-ए-रौशन के आगे शम्अ' रख कर वो ये कहते हैं
उधर जाता है देखें या इधर पर्वाना आता है

1 चेहरा

भरे कुछ आँख में आँसू पड़े कुछ हल्क़[1] में छाले
क़फ़स[2] में ये मयस्सर[3] मुझको आब-ओ-दाना[4] आता है

1 गला 2 पिंजरा, क़ैदख़ाना 3 उपलब्ध / प्राप्त होना 4 पानी-खाना

वही झगड़ा है फ़ुर्क़त[1] का वही क़िस्सा है उल्फ़त[2] का
तुझे ऐ 'दाग़' कोई और भी अफ़्साना[3] आता है

1 जुदाई, विरह 2 मोहब्बत 3 कहानी

(गुलज़ार-ए-दाग़)

मत्लब की तुम सुनो तो ज़रा कोई कुछ कहे
जब बे सुने ख़फ़ा[1] हो तो क्या कोई कुछ कहे
1 नाराज़

हम आप छेड़ छेड़ के खाते हैं गालियाँ
कानों को पड़ गया है मज़ा कोई कुछ कहे

बन्दे हैं हम तो इ'श्क़ के ए शेख़[1]-ओ-बर्हमन[2]
पर्वा[3] नहीं हमें बख़ुदा[4] कोई कुछ कहे
1 मुस्लिम धर्म गुरू 2 हिंदू धर्म गुरू 3 चिंता 4 ख़ुदा की क़सम

कम-बख़्त[1] नामुराद[2] तो मुद्दत[3] से है ख़िताब[4]
जी चाहता है इससे सिवा[5] कोई कुछ कहे
1 अभागा 2 नाकाम 3 बहुत दिनों 4 उपाधि 5 अतिरिक्त

नासेह[1] कहे सुने प हमारा नहीं अ'मल[2]
जो जी में आ गया वो किया कोई कुछ कहे
1 उपदेशक 2 काम करना

ऐ 'दाग़' उसकी बज़्म[1] में हम गुल खिलाएँगे[2]
इसका है इन्तिज़ार ज़रा कोई कुछ कहे
1 महफ़िल 2 गुल खिलानाः हंगामा करना

(गुलज़ार-ए-दाग़)

❁

वो जो बोलें तो बात जाती है
चुप रहूँ मैं तो रात जाती है

साथ हूरों[1] के है शहीद तिरा
क्या अ'द्म[2] को बरात जाती है

1 स्वर्ग की अप्सराएँ 2 परलोक

मय[1] के पीने से कर तो लूँ तौबा[2]
आरज़ू-ए-निजात[3] जाती है

1 शराब 2 किसी चीज़ को छोड़ने का प्रण 3 मोक्ष की कामना

दिल-लगी का मज़ा जब आता है
हस्ती-ए-बेसबात[1] जाती है

1 अस्थाई अस्तित्व

ख़ूब आता है लुत्फ़-ए-आज़ादी[1]
जब ये क़ैद-ए-हयात[2] जाती है

1 आज़ादी का मज़ा 2 जीने की क़ैद

क्या करूँ 'दाग़' वस्ल[1] में शिक्वा[2]
बात कहने में रात जाती है

1 मिलन 2 शिकायत

(गुलज़ार-ए-दाग़)

❀

दिल चुरा कर नज़र चुराई है
लुट गए लुट गए दुहाई है

एक दिन मिल के फिर नहीं मिलते
किस क़यामत[1] की ये जुदाई है

1 प्रलय, मुसीबत

ऐ असर[1] कर न इन्तिज़ार-ए-दुआ'
माँगना सख़्त बे-हयाई है

1 प्रभाव 2 निर्लज्जता

मैं यहाँ हूँ वहाँ है दिल मेरा
ना-रसाई[1] अ'जब रसाई[2] है

1 न पहुँच पाना, न पा सकना 2 पहुँच

पानी पी पी के तौबा[1] करता हूँ
पारसाई[2] सी पारसाई है

1 किसी चीज़ को छोड़ने का प्रण 2 पाप मुक्त होना

वा'दा करने का इख़्तियार[1] रहा
बात करने में क्या बुराई है

1 अधिकार

'दाग़' उनसे दिमाग़[1] करते हैं
नहीं मा'लूम क्या समाई है

1 दिमाग़ करना: अभिमान करना

(गुलज़ार-ए-दाग़)

दिल-ए-बेताब[1] मिरा वो न फँसाने पाए
दो ही झटके जो ज़रा ज़ुल्फ़-ए-दुता[2] ने पाए

1 बेचैन दिल 2 दो चोटियाँ

हाथा पाई हुई मयख़ाने[1] में ज़ाहिद[2] से कहीं
हमने तस्बीह[3] के बिखरे हुए दाने पाए

1 शराबख़ाना 2 धर्म परायण व्यक्ति 3 जाप माला

छेड़ मन्ज़ूर न हो तुझको तो मिज़्गाँ[1] तेरी
दिल-ए-बेताब को उंगली न लगाने पाए

1 पलकें

जल गया क्या मिरी आतिश-क़दमी[1] से जंगल
चार तिनके न कहीं बाद-ए-सबा[2] ने पाए

1 तेज़ चलना, आग लगाने वाली रफ़्तार 2 अच्छी हवा

हमने अपना दिल-ए-गुम-गश्ता[1] न पाया खो कर
वर्ना याँ ढूँढने वालों ने ख़ज़ाने पाए

1 खोया हुआ दिल

ला शब-ए-वा'दा[1] उसे खींच के ऐ जज़्बा-ए-दिल[2]
हीला-जू[3] पाँव में मेंहदी न लगाने पाए

1 मिलन की रात 2 दिल का भावना 3 बहाने बनाने वाला मा'शूक़

हूर के वास्ते ज़ाहिद[1] ने इ'बादत[2] की है
सैर तो जब है कि जन्नत में न जाने पाए

1 धर्म परायण व्यक्ति 2 पूजा

(गुलज़ार-ए-दाग़)

तेरे कूचे[1] में जो हम बा-दीदा-ए-तर[2] बैठते
जोश-ए-तूफ़ाँ से ज़मीं में सैंकड़ों घर बैठते
1 गली 2 भीगी आँखों के साथ

चारागर[1] भी हम-नशीं[2] था रात को नासेह[3] भी था
वर्ना बेताबी[4] से हम क्या जाने क्या कर बैठते
1 इ'लाज करने वाला 2 दोस्त 3 उपदेशक 4 बेचैनी

हो गई महफ़िल तिरी क्या बे-अदब[1] बे-क़ाय'दा[2]
जो खड़े रहते थे वो अब हैं बराबर बैठते
1 मान-सम्मान रहित 2 नियम-विरुद्ध

जब किया शिक्वा[1] कि महफ़िल में रहे हम तुम से दूर
उसने झुंझला कर कहा क्या मेरे सर पर बैठते
1 शिकायत

जिसकी क़िस्मत में हो गर्दिश[1] किस तरह बैठे कहीं
हमसे आवारा तिरे कूचे[2] में क्योंकर बैठते
1 चक्कर 2 गली

'दाग़' तुमने क्यों किया है नाम वहशत[1] का ख़राब
इससे तो बेहतर यही था चैन से घर बैठते
1 दीवानगी

(गुलज़ार-ए-दाग़)

❁

अव्वल[1] तो रहे दूर वो नालों[2] से हमारे
पास आए तो घबराए सवालों से हमारे

1 पहले 2 आर्तनाद, रोना धोना

ये कहते हैं बुलबुल से वो गुल[1] हाथ में ले कर
तू देख मिला कर इसे गालों से हमारे

1 फूल

क्या बर्हना-पा[1] दश्त में लाखों भी न होंगे
काँटों को मगर छेड़ है छालों से हमारे

1 नंगे पैर

हर वक़्त नई धुन है हमें ताज़ा तसव्वुर[1]
जाओगे कहाँ बच के ख़यालों[2] से हमारे

1 ध्यान, कल्पना 2 विचारों

कहती हैं वो आँखें सफ़-ए-मिज़्गाँ[1] को बढ़ा कर
है कौन जो रूकश[2] हो रिसालों[3] से हमारे

1 पलकों की फ़ौज 2 मुक़ाबला करना 3 सेनाएँ

ऐ 'दाग़' फ़लक[1] दुश्मन-ए-अर्बाब-ए-हुनर[2] है
ज़ालिम[3] को ख़बर हो न कमालों[4] से हमारे

1 आस्मान 2 कलाकारों का दुश्मन 3 अत्याचारी 4 गुणों

(गुलज़ार-ए-दाग़)

❁

वस्ल[1] की आरज़ू[2] किए न बनी
न बनी जुस्तुजू[3] किए न बनी

1 मिलन 2 चाहत, कामना 3 तलाश

शौक़[1] ने हम-कलाम[2] कर ही दिया
उनसे बे-गुफ़्तुगू[3] किए न बनी

1 चाहत 2 आपस में बात करना 3 बात किए बिना

जब रुका ख़ून बन गई दम[1] पर
चाक-ए-दिल[2] को रफ़ू किए न बनी

1 जान 2 फटा दिल

ज़िल्लत[1]-ए-इ'श्क़ है वहाँ इ'ज़्ज़त[2]
शिक्वा-ए-आबरू[3] किए न बनी

1 रुस्वाई 2 सम्मान 3 मान-सम्मान की शिकायत

पाक होना है रिन्द[1] को लाज़िम[2]
मयकशी[3] बे-वज़ू[4] किए न बनी

1 शराब पीने वाला 2 अनिवार्य 3 शराब पीना

4 वज़ू: नमाज़ के लिए पाक-साफ़ होना

क़त्ल ठहरा जो शेवा-ए-मा'शूक़[1]
हमें दिल को लहू किए न बनी

1 मा'शूक़ का अन्दाज़

उसकी तस्वीर[1] से भी था ये ख़ौफ़
'दाग़' को गुफ़्तुगू किए न बनी

1 चित्र

(गुलज़ार-ए-दाग़)

❀

क्या तर्ज़-ए-कलाम[1] हो गई है
हर बात पयाम[2] हो गई है

1 बात / शाइ'री का अन्दाज़ 2 संदेश

कुछ ज़हर न थी शराब-ए-अंगूर
क्या चीज़ हराम[1] हो गई है

1 वर्जित

आगे तो नहीं नहीं सुनी थी
अब तकिया-कलाम[1] हो गई है

1 जो शब्द बार बार बोला जाए

अब देखिए मश्क़-ए-पाएमाली[1]
ता'रीफ़-ए-ख़िराम हो गई है

1 पाँव तले रौंदने का अभ्यास 2 चलने के अन्दाज़ की विशेषता

पहुँचे हैं जब उसकी बज़्म[1] में हम
मज्लिस[2] ही तमाम हो गई है

1 महफ़िल 2 सभा

आ'लम[1] को है दा'वा-ए-मोहब्बत
ये ख़ास भी आ'म[2] हो गई है

1 दुनिया 2 साधारण, सामान्य

जागीर[1] जुनूँ की क़ैस[2] के बा'द
अब 'दाग़' के नाम हो गई है

1 संपत्ति 2 मज्नूँ का अस्ल नाम

(गुलज़ार-ए-दाग़)

❁

शम्अ' रौशन है हमारी आह से
लौ लगाए बैठे हैं अल्लाह से

चलते हैं क्या-क्या वो रस्ता काट कर
जब गुज़रते हैं हमारी राह से

क्यों न रखूँ मैं तबर्रुक[1] की तरह
ग़म मिला है इ'श्क़ की दरगाह[2] से

1 प्रसाद 2 किसी सूफ़ी का तीर्थ-स्थल

एक बोसे[1] पर हमें टालें न आप
कुछ अ'लावा दीजिए तनख़्वाह[2] से

1 चुंबन 2 वेतन

माँग कर तुझको बहुत नादिम[1] हुआ
माँगना था और कुछ अल्लाह से

1 लज्जित

ख़ूबसूरत हो के तुम लड़ने लगे
बह्स है दिन रात मेहर-ओ-माह[1] से

1 सूरज और चाँद

तूने वाइ'ज़[1] ज़िन्दगी दुश्वार[2] की
क्यों किया वाक़िफ़[3] ख़ुदा की राह से

1 उपदेशक 2 मुश्किल 3 जानना, अवगत, परिचित

(गुलज़ार-ए-दाग़)

❁

तर्ज़-ए-क़ुदसी[1] में कभी शैवः-ए-इन्साँ[2] में कभी
हम भी इक चीज़ थे इस आ'लम-ए-इम्काँ[3] में कभी

1 फ़रिश्तों जैसा अन्दाज़ 2 इन्सानों का अन्दाज़ 3 संभावनाओं का संसार

रन्ज[1] में रन्ज का राहत[2] में हूँ राहत का शरीक[3]
ख़ाक[4] साहिल[5] में कभी मौज[6] हूँ तूफ़ाँ में कभी

1 दुख 2 आराम 3 सम्मिलित 4 मिट्टी 5 किनारा 6 लहर

दिल में बे-लुत्फ़[1] रही ख़ार-ए-तमन्ना[2] की ख़लिश[3]
नोक बन कर न रहा ये किसी मिज़्गाँ[4] में कभी

1 बेमज़ा 2 कामना का काँटा 3 खटक 4 पलकें

वार करते ही भरा ज़ख़्म में क़ातिल ने नमक
तेग़[1] पर हाथ कभी है तो नमक-दाँ[2] में कभी

1 तल्वार 2 नमक रखने का बर्तन

ख़िज़्र से मैंने जो कीं जोश-ए-जुनूँ की बातें
ऐसे निकले कि न आए थे बयाबाँ[1] में कभी

1 वीराना

अल्लह अल्लह रे तिरी शोख़-बयानी[1] ऐ 'दाग़'
सुस्त इक शे'र न देखा तिरे दीवाँ[2] में कभी

1 बयान की चंचलता 2 दीवान, शाइ'री का संग्रह

(गुलज़ार-ए-दाग़)

❁

हुआ जो उनकी ख़ामोशी से कुछ मलाल[1] मुझे
जवाब देने लगी ताक़त-ए-सवाल[2] मुझे

1 दुख 2 सवाल करने की शक्ति

किसी के दिल से किसी की नज़र से गिरता हूँ
संभालना है तो ऐ आस्माँ संभाल मुझे

उमीद-ए-बोसा[1] है फिर भी अगर्चे[2] ये है यक़ीं[3]
बहुत ज़लील[4] करेगा मिरा सवाल मुझे

1 चुंबन की आशा 2 यद्यपि 3 विश्वास 4 अपमानित

सदा-ए-नाला[1] शब-ए-वस्ल[2] भी न दिल से गई
पुकारती थी ये हस्रत[3] मिरी निकाल मुझे

1 आर्तनाद की आवाज़ 2 मिलन की रात 3 अधूरी कामना

पिला दे बज़्म[1] में साक़ी उसे शराब इतनी
वो मस्त-ए-नाज़[2] कहे मुझसे तू संभाल मुझे

1 महफ़िल 2 अभिमान के नशे में चूर

शिकायतों से मोहब्बत की और क्या हासिल
कुछ इन्फ़िआ'ल[1] तुम्हें हो कुछ इन्फ़िआ'ल मुझे

1 लज्जित होना

असीर-ए-हल्क़ा-ए-काकुल[1] न मैं हुआ ऐ 'दाग़'
मिरे ख़ुदा ने बचाया है बाल बाल मुझे

1 बालों की ज़न्जीर का क़ैदी

(गुलज़ार-ए-दाग़)

सबक़[1] ऐसा पढ़ा दिया तू ने
दिल से सब कुछ भुला दिया तू ने

1 पाठ

हम निकम्मे हुए ज़माने के
काम ऐसा सिखा दिया तू ने

कुछ तअ'ल्लुक़[1] रहा न दुनिया से
शग़ल[2] ऐसा बता दिया तू ने

1 संबंध 2 काम

किस ख़ुशी की ख़बर सुना के मुझे
ग़म का पुतला बना दिया तू ने

लाख देने का एक देना है
दिल-ए-बे-मुद्दआ'[1] दिया तू ने

1 ऐसा दिल जिसकी कोई इच्छा न हो

क्या बताऊँ कि क्या लिया मैं ने
क्या कहूँ मैं कि क्या दिया तू ने

बे-तलब[1] जो मिला मिला मुझ को
बे-ग़रज़[2] जो दिया दिया तू ने

1 माँगे बिना 2 निःस्वार्थ

'दाग़' को कौन देने वाला था
जो दिया ऐ ख़ुदा दिया तू ने

(गुलज़ार-ए-दाग़)

❀

जौर[1] के बा'द है क्यों लुत्फ़[2] ये आ'दत क्या है
तुम तलाफ़ी[3] जो करो इसकी ज़रूरत क्या है
1 अत्याचार 2 कृपा 3 भरपाई

एक दिन मान ही जाओगे हमारा कहना
तुम कहे जाओ यही तेरी हक़ीक़त[1] क्या है
1 सच्चाई, हैसियत

वा'दा-ए-वस्ल[1] से इन्कार है तो क़त्ल करो
तुमसे हम पूछते हैं इसमे क़बाहत[2] क्या है
1 मिलन का वा'दा 2 बुराई

बोसा[1] माँगा तो कहा उसने बदल कर चितवन
आप को ये भी ख़बर है मिरी आ'दत क्या है
1 चुंबन

हाय क्या था वो ज़माना कि तुम आगाह[1] न थे
शुक्र[2] किस चीज़ को कहते है शिकायत क्या है
1 आवगत 2 धन्यवाद कहना

क्या कहूँ किस से कहूँ दिल की हक़ीक़त[1] ऐ 'दाग़'
सब यही पूछते हैं कहिए तो हज़रत[2] क्या है
1 सच्चाई 2 श्रीमान, महोदय

(गुलज़ार-ए-दाग़)

फ़सुर्दा-दिल[1] कभी ख़ल्वत[2] न अन्जुमन[3] में रहे
बहार हो के रहे हम तो जिस चमन में रहे

1 दुखी दिल वाले लोग 2 एकांत, अकेलापन 3 महफ़िल

मुझे ये डर है कि ईमान ले न आएँ लोग
ख़ुदा करे ग़लती कुछ मिरे सुख़न[1] में रहे

1 बात, शाइ'री

तिरा वो हुस्न है ऐ शो'ला-रू[1] जो तू चाहे
बग़ैर शम्अ' के पर्वाना अन्जुमन में रहे

1 शो'ले जैसे चेहरे वाला मा'शूक़

ज़बान दे न अ'दू[1] को कि ये तो वो शय[2] है
तिरे दहन[3] में रहे ये मिरे दहन में रहे

1 रक़ीब, दुश्मन 2 चीज़, वस्तु 3 मुंह

मिला दे उस में लुआ'ब-ए-दहन[1] कुछ ऐ साक़ी[2]
कि ताज़गी भी ज़रा सी मय-ए-कुहन[3] में रहे

1 मुंह की राल 2 शराब पिलाने वाला 3 पुरानी शराब

मुसाफ़िरी में जब आराम पाओगे ऐ 'दाग़'
कि तुम सफ़र में रहो आस्माँ वतन[1] में रहे

1 देश, जन्म भूमि

(गुलज़ार-ए-दाग़)

ज़िक्र[1] मेरा अगर आ जाता है
सुन के वो साफ़ उड़ा जाता है

1 चर्चा

ग़म तिरा हिस्सा है मेरा लेकिन
दिल चुरा कर उसे खा जाता है

क्या नज़ाकत[1] है कि आप आइने में
अ'क्स[2] के साथ खिंचा जाता है

1 कोमलता 2 प्रतिबिंब, छवि

नाज़[1] से खींच न मुझ पर तल्वार
ग़ैर[2] मुश्ताक़[3] हुआ जाता है

1 अभिमान 2 मा'शूक़ का अन्य आ'शिक़ 3 उत्सुक

हस्रतें[1] दिल की मिटी जाती हैं
क़ाफ़िला है कि लुटा जाता है

1 कामनाएँ

राह में गिर न पड़े ख़त यारब
नामा-बर[1] मिस्ल-ए-हवा[2] जाता है

1 संदेश-वाहक 2 हवा की तरह

'दाग़' को देख के बोले ये शख़्स
आप ही आप जला जाता है

(गुलज़ार-ए-दाग़)

तल्वार तिरी रवाँ[1] बहुत है
थोड़ा भी तो इम्तिहाँ बहुत है
1 चलता, बहता हुआ

कुछ आह के हौसले निकलते
नीचा मगर आस्माँ बहुत है

दामन प तिरे लगी रही ख़ाक
इतना ही मिरा निशाँ बहुत है

दिल तंग सही पर ऐ तमन्ना
मर रहने को ये मकाँ[1] बहुत है
1 मकान

इक कोह-ए-गराँ[1] है इ'श्क़ लेकिन
उसको दिल-ए-नातवाँ[2] बहुत है
1 बड़ा पहाड़ 2 कमज़ोर दिल

उल्फ़त[1] में नहीं है सब्र[2] नायाब[3]
ये चीज़ मगर गराँ[4] बहुत है
1 मोहब्बत 2 धेर्य 3 अप्राप्य 4 मंहगा

बातिन[1] की ख़बर ख़ुदा को है 'दाग़'
ज़ाहिर[2] में वो मेह्‌रबाँ बहुत है
1 अंर्तमन 2 बाहर से 3 कृपाशील

(गुलज़ार-ए-दाग़)

❁

का'बे[1] की है हवस[2] कभी कू-ए-बुताँ[3] की है
मुझको ख़बर नहीं मिरी मिट्टी कहाँ की है

1 जहाँ हज किया जाता है 2 लालसा 3 मूर्तियों / मा'शूकों की गली

सुन के मिरा फ़साना[1] उन्हें लुत्फ़[2] आ गया
सुनता हूँ अब कि रोज़ तलब क़िस्सा-ख़्वाँ[3] की है

1 कहानी 2 मज़ा 3 क़िस्सा सुनाने वाला

कुछ ताज़गी हो लज़्ज़त-ए-आज़ार[1] के लिए
हर दम मुझे तलाश नए आस्माँ की है

1 पीड़ा से मिलने वाला आनंद

दामन संभाल बाँध कमर आस्तीं चढ़ा
ख़न्जर[1] निकाल दिल में अगर इम्तिहाँ की है

1 छुरी

हर हर नफ़स[1] में दिल से निकलने लगा ग़ुबार[2]
क्या जाने गर्द-ए-राह[3] ये किस कारवाँ की है

1 साँस 2 धूल, दिल का मैल 3 रास्ते की धूल

क्योंकर[1] न आते ख़ुल्द[2] से आदम ज़मीन पर
मौज़ूँ[3] वहीं वो ख़ूब है जो शय[4] जहाँ की है

1 कैसे 2 स्वर्ग 3 उपयुक्त 4 चीज़

उर्दू है जिसका नाम हमीं जानते हैं 'दाग़'
हिन्दोस्ताँ में धूम हमारी ज़बाँ की है

(गुलज़ार-ए-दाग़)

ग़म उठाने के वास्ते दम है
ज़िन्दगी है अगर तो क्या ग़म है

कहते हो कुछ कहो कहूँ क्या ख़ाक
जानता हूँ मिज़ाज[1] बर्हम[2] है
1 स्वभाव, मूड 2 बिगड़ा हुआ

गिर्या[1]-ए-बे-असर की कुछ हद भी
हम हैं और आज चश्म-ए-पुरनम[2] है
1 बेकार रोना धोना 2 भीगी आँख

क्या नए दोस्तों से बिगड़ी आज
दुश्मनों का कुछ और आ'लम[1] है
1 हाल / हालत, दुनिया

मुझको देखा तो ग़ैर से ये कहा
उ'म्र इस नौजवान की कम है

गर ख़ुशी है तो वस्ल[1] की है ख़ुशी
ग़म अगर है तो हिज्र[2] का ग़म है
1 मिलन 2 जुदाई

सुनते हैं 'दाग़' कल वो आए थे
बारे[1] अब तो सुलूक[2] बाहम[3] है
1 अंततः 2 भला व्यवहार 3 आपस में

(गुलज़ार-ए-दाग़)

❀

शब-ए-वस्ल[1] ज़िद में बसर[2] हो गई
नहीं होते होते सहर[3] हो गई
1 मिलन की रात 2 बीतना 3 सुब्ह

लगाते हैं दिल उससे अब हार जीत
इधर हो गई या उधर हो गई

जवाब उनकी जानिब से देने लगा
ये जुरअत[1] तुझे नामा-बर[2] हो गई
1 हौसला 2 संदेश वाहक

बुरे हाल से या भले हाल से
तुम्हें क्या हमारी बसर[1] हो गई
1 ज़िन्दगी गुज़रना

शब-ए-वस्ल ऐसी खिली चाँदनी
वो घबरा के बोले सहर हो गई

कहो क्या करोगे मिरे वस्ल[1] की
जो मशहूर झूटी ख़बर हो गई
1 मिलन

ग़म-ए-हिज्र[1] से 'दाग़' मुझको निजात[2]
यक़ीं[3] था न होगी मगर हो गई
1 जुदाई का दुख 2 मुक्ति 3 विश्वास

(आफ़्ताब-ए-दाग़)

❀

उससे क्या ख़ाक[1] हम-नशीं[2] बनती
बात बिगड़ी हुई नहीं बनती

1 मिट्टी 2 दोस्त

आदमी सब फ़रिश्ते बन जाते
आस्माँ पर अगर ज़मीं बनती

मेरी सूरत[1] बनी तो ख़ाक बनी
क़िस्मत ऐ सूरत-आफ़रीं[2] बनती

1 चेहरा, आकृति 2 सूरत बनाने वाला, ईश्वार

वा'दे करते ही क्या वो आ जाते
रात भर ज़ुल्फ़-ए-अम्बरीं[1] बनती

1 महकी हुई ज़ुल्फ़

तू ने ऐसे बिगाड़ डाले हैं
एक की एक से नहीं बनती

बज़्म[1]-ए-दुनिया थी क़ाबिल-ए-जन्नत[2]
ख़ूब बनती अगर यहीं बनती

1 महफ़िल 2 स्वर्ग के योग्य

तब-ए'-नाज़ुक[1] का लुत्फ़[2] जब था 'दाग़'
नाज़नीनों[3] में नाज़नीं बनती

1 कोमल स्वभाव 2 मज़ा 3 अभिमानी सुंदरियाँ

(आफ़्तब-ए-दाग़)

❀

मिलाते हो उसी को ख़ाक[1] में जो दिल से मिलता है
मिरी जाँ चाहने वाला बड़ी मुश्किल से मिलता है
1 मिट्टी

भरे हैं तुझ में वो लाखों हुनर ऐ मज्मा-ए'-ख़ूबी[1]
मुलाक़ाती तिरा गोया[2] भरी महफ़िल से मिलता है
1 गुणों का संग्रह 2 जैसे

ब-ज़ाहिर[1] बा-अदब[2] यूँ हज़रत-ए-नासेह[3] से मिलता हूँ
मुरीद-ए-ख़ास[4] जैसे मुर्शिद[5]-ए-कामिल[6] से मिलता है
1 देखने में 2 आदर पूर्वक 3 उपदेशक महोदय 4 विशेष शिष्य 5 गुरू 5 सिद्ध

जवाब इस बात का उस शोख़[1] को क्या दे सके कोई
जो दिल ले कर कहे कम-बख़्त[2] तू किस दिल से मिलता है
1 चंचल मा'शूक़ 2 अभागे

अदम[1] की जो हक़ीक़त[2] है वो पूछो अह्ल-ए-हस्ती[3] से
मुसाफ़िर को तो मन्ज़िल का पता मन्ज़िल से मिलता है
1 परलोक, शून्य 2 वास्तविकता 3 जीने वाले

ग़ज़ब है 'दाग़' के दिल से तुम्हारा दिल नहीं मिलता
तुम्हारा चाँद सा चेहरा मह-ए-कामिल[1] से मिलता है
1 चौदहवीं का चाँद

(आफ़्ताब-ए-दाग़)

आए भी तो वो मुंह को छुपाए मिरे आगे
इस तरह से आए कि न आए मिरे आगे

बुझते हुए देखूँगा न मैं दिल की लगी को
कोई न कभी शम्अ' बुझाए मिरे आगे

तेवर यही कहते थे कि ये नाम है मेरा
लिख कर कई हर्फ़[1] उसने मिटाए मिरे आगे

1 अक्षर

बिछड़े हुए मा'शूक़ मिलें सबको इलाही[1]
तन्हा[2] कोई जन्नत में न जाए मिरे आगे

1 या ख़ुदा 2 अकेला

कुछ 'दाग़' का मज़्कूर[1] जो आया तो वो बोले
आए थे बुरा हाल बनाए मिरे आगे

1 चर्चा

(आफ़्ताब-ए-दाग़)

❁

सबसे तुम अच्छे हो तुमसे मिरी क़िस्मत[1] अच्छी
यही कमबख़्त दिखा देती है सूरत अच्छी
1 भाग्य 2 अभागा / अभागी

हुस्न-ए-मा'शूक़[1] से भी हुस्न-ए-सुख़न[2] है कमयाब[3]
एक होती है हज़ारों में तबीअ'त[4] अच्छी
1 मा'शूक़ की सुंदरता 2 बातचीत की सुंदरता 3 कम उपलब्ध 4 स्वभाव

मेरी तस्वीर भी देखी तो कहा शर्मा कर
ये बुरा शख़्स[1] है इसकी नहीं निय्यत[2] अच्छी
1 व्यक्ति 2 संकल्प, इरादा

किस सफ़ाई से किया वस्ल[1] का तूने इन्कार
इस महल[2] पर तो ज़बाँ में तिरी लुकनत[3] अच्छी
1 मिलन 2 जगह 3 हकलाहट

जो हो आग़ाज़[1] में बेहतर वो ख़ुशी है बद-तर[2]
जिसका अन्ज़ाम[3] हो अच्छा वो मुसीबत[4] अच्छी
1 आरंभ 2 अधिक बुरा 3 अंत 4 विपत्ति

तुम बताओ तो सही मेह्र[1]-ओ-मोहब्बत के गवाह
ऐसे दा'वे में तो झूठी ही शहादत[2] अच्छी
1 मोहब्बत 2 गवाही

ज़ोर-ओ-ज़र[1] से भी कहीं 'दाग़' हसीं[2] मिलते हैं
अपने नज़्दीक तो है सबसे इताअ'त[2] अच्छी
1 शक्ति और दौलत 2 सुदर मा'शूक़ 3 आज्ञा-पालन

(आफ़्ताब-ए-दाग़)

ये जो है हुक्म[1] मिरे पास न आए कोई
इस लिए रूठ रहे हैं कि मनाए कोई

1 आदेश

ताक में है निगह-ए-शौक़[1] ख़ुदा ख़ैर करे
सामने से मिरे बचता हुआ जाए कोई

1 प्रेम-दृष्टि

वा'दा-ए-वस्ल[1] उसे जान के ख़ुश हो जाऊँ
वक़्त-ए-रुख़्सत[2] भी अगर हाथ मिलाए कोई

1 मिलन का वा'दा 2 बिछड़ते समय

सर्द-मेहरी[1] से ज़माने की हुआ है दिल सर्द[2]
रख कर इस चीज़ को क्या आग लगाए कोई

1 निर्दयता 2 ठंढा

आपने 'दाग़' को मुंह भी ना लगाया अफ़्सोस
उसको रखता था कलेजे से लगाए कोई

(आफ़्ताब-ए-दाग़)

फिरे राह से वो यहाँ आते आते
अजल[1] मर रही तू कहाँ आते आते

1 मौत

मुझे याद करने से ये मुद्दआ'[1] था
निकल जाए दम हिचकियाँ आते आते

1 मल्तब, उद्देश्य

न जाना कि दुनिया से जाता है कोई
बहुत देर की मेहरबाँ[1] आते आते

1 कृपा करने वाला, मा'शूक़

यक़ीं[1] है कि हो जाए आख़िर को सच्ची
मिरे मुंह में तेरी ज़बाँ आते आते

1 विश्वास

सुनाने के क़ाबिल जो थी बात उनको
वही रह गई दर्मियाँ[1] आते आते

1 बीच में

किसी ने कुछ उनको उभारा तो होता
न आते न आते यहाँ आते आते

नहीं खेल ऐ 'दाग़' यारों से कह दो
कि आती है उर्दू ज़बाँ आते आते

(आफ़्ताब-ए-दाग़)

उस के दर तक किसे रसाई[1] है
वो ही जाएगा जिस की आई है
1 पहुँच

बात इक दिल में मेरे आई है
गर कहूँ तो अभी लड़ाई है

दूसरी जान है तिरी उल्फ़त[1]
एक खोई है एक पाई है
1 प्रेम

भर दिया ज़ख़्म में नमक उस ने
ये दुआ'-गो[1] की मुंह-भराई है
1 दुआ' करने / देने वाला

सच है बे-ऐ'ब[1] है ख़ुदा की ज़ात[2]
तुझ में क्या जाने क्या बुराई है
1 निर्विकार 2 अस्तित्व

ऐ लब-ए-यार[1] तुझ को मेरी क़सम
कभी सच्ची क़सम भी खाई है
1 मा'शूक़ का होंठ

'दाग़' अब वस्ल[1] का विसाल[2] हुआ
यार ज़िन्दा ग़म-ए-जुदाई[3] है
1 मिलन 2 मौत 3 विरह का दुख

(आफ़्ताब-ए-दाग़)

❀

कुछ और दिल-लगी नहीं उस बद-नसीब[1] से
हम जानते हैं खेलते हो तुम रक़ीब[2] से
1 अभागा 2 मा'शूक़ का अन्य आ'शिक़, प्रतिद्वंदी

मैं बद-गुमानियों[1] का भी मम्नून[2] हो गया
वो हाल पूछ लेते हैं मेरा तबीब[3] से
1 दुर्भावना 2 कृतज्ञ 3 चिकित्सक

दुश्मन बनाए हैं मिरी क़िस्मत ने सैंकड़ों
चाहा है तुझको ख़ल्क़[1] ने मेरे नसीब से
1 लोग

ऐ नासेह[1]-ए-शफ़ीक़ रहे कुछ तो छेड़-छाड़
ज़िक्र-ए-हबीब[2] कम नहीं वस्ल-ए-हबीब से
1 कृपाशील उपदेशक 2 दोस्त का चर्चा 3 दोस्त का मिलन

मानिन्द-ए-बर्क़[1] मिस्ल-ए-हवा[2] सूरत-ए-निगाह[3]
अक्सर निकल गए हैं वो मेरे क़रीब से
1 बिजली की तरह 2 हवा की तरह 3 निगाह की तरह

पूछो जनाब-ए-'दाग़' की हमसे शरारतें
क्या सर झुकाए बैठे हैं हज़रत[1] ग़रीब से
1 श्रीमान

(आफ़्ताब-ए-दाग़)

❁

मेरे रोने पर जो रोया आदमी फ़हमीदा[1] है
नासेह-ए-आ'क़िल[2] पुराना गुर्ग-ए-बाराँ-दीदा[3] है

1 समझदार 2 बुद्धिमान उपदेशक 3 अनुभवी / घाघ व्यक्ति

मैं भी तो देखूँ निकलता है ये तिनका किस तरह
चारागर[1] की आँख में मेरा तन-ए-काहीदा है

1 चिकित्सक 2 शक्तिहीन शरीर

तूने रक्खा है रक़ीब[1]-ए-तुर्श-रू[2] के दिल प हाथ
आज क्यों फीका तिरा दस्त-ए-हिना-मालीदा[3] है

1 रक़ीब, मा'शूक़ का अन्य आ'शिक़ 2 बुरे स्वभाव वाला 3 मेंहदी लगा हाथ

ख़ाक[1] में उसने मिलाया मुझको या मैंने उसे
आज मैं हूँ और ये मेरा दिल-ए-तफ़्तीदा[2] है

1 मिट्टी 2 जला हुआ दिल

ज़हर खा कर मिल गए हैं ख़ाक में आ'शिक़ बहुत
उंगलियाँ हैं देख तो या सब्ज़ा-ए-रूईदा[1] है

1 उगी हुई घास

ख़ूब आता है लगा लेना निगाह-ए-यार[1] को
एक से अनबन हुई तो दूसरा गिर्वीदा[2] है

1 मा'शूक़ की दृष्टि 2 मुग्घ

बह्र-ए-नज़्ज़ारा[1] चला है कूचा-ए-क़ातिल[2] में 'दाग़'
किस बला का है कलेजा किस ग़ज़ब का दीदा[3] है

1 तमाशा देखने 2 क़ातिल की गली 3 आँख

(आफ़्ताब-ए-दाग़)

❁

दाग़ उस बज़्म[1] में मेहमान कहाँ जाता है
तेरा अल्लाह निगहबान[2] कहाँ जाता है
1 महफ़िल 2 रखवाला

पाँव से मेरे बयाबान[1] कहाँ छुटता है
हाथ से मेरे गरेबान कहाँ जाता है
1 वीराना

ग़ैर[1] जाता था वहाँ मैंने ये कह कर रोका
तुझसे कुछ जान न पहचान कहाँ जाता है
1 रक़ीब

हिज्र[1] के दिन की मुसीबत तो गुज़र जाएगी
वस्ल[2] की रात का एहसान[3] कहाँ जाता है
1 जुदाई 2 मिलन 3 भलाई, नेकी

रूठ कर बज़्म से उट्ठा तो न रोका मुझको
न कहा उसने कहा मान कहाँ जाता है

बन्द करते हो जो हाथों से तुम आँखें मेरी
क्या कहूँ मैं कि मिरा ध्यान कहाँ जाता है

'दाग़' तुमने तो बड़ी धूम से की तय्यारी
आज ये ई'द का सामान कहाँ जाता है

(शाइ'री संग्रहः आफ़्ताब-ए-दाग़)

❁

जब मय-ए-लाला-फ़ाम[1] होती है
मुझको तौबा[2] हराम[3] होती है

1 लाल शराब 2 शराब न पीने का प्रण 3 वर्जित

ख़ूब-रू[1] वो है जिसकी ख़ू[2] अच्छी
शम्अ' सूरत-हराम[3] होती है

1 सुंदर 2 स्वभाव 3 बुरे चेहरे वाला / वाली

ये सुना है कि बरहमन[1] से भी
शेख़[2] की राम राम होती है

1 हिंदू धर्म गुरू 2 धर्म गुरू

तेरा वा'दा है किस क़यामत[1] का
रात दिन सुब्ह-ओ-शाम होती है

1 मुसीबत

हिज्र[1] का दिन ढले तो हम जानें
सुब्ह के बा'द शाम होती है

1 जुदाई

पहले ऐ 'दाग़' कुछ न होश आया
दिल की अब रोक-थाम होती है

(आफ़्ताब-ए-दाग़)

❁

आपका ए'तिबार[1] कौन करे
रोज़ का इन्तिज़ार कौन करे

1 विश्वास, भरोसा

तुम तो हो जान इक ज़माने की
जान तुम पर निसार[1] कौन करे

1 निछावर

आफ़त-ए-रोज़गार[1] जब तुम हो
शिक्वा-ए-रोज़गार[2] कौन करे

1 संसार / जीवन की मुसीबत 2 संसार / जीवन की शिकायत

अपनी तस्बीह[1] रहने दे ज़ाहिद[2]
दाना दाना शुमार[3] कौन करे

1 जाप माला 2 धर्म परायण व्यक्ति 3 गिना जाना

'दाग़' की शक्ल देख कर बोले
ऐसी सूरत को प्यार कौन करे

(आफ़्ताब-ए-दाग़)

रन्ज[1] की जब गुफ़्तुगू[2] होने लगी
आप से तुम तुम से तू होने लगी

1 दुख 2 बातचीत

चाहिए पैग़ाम-बर[1] दोनों तरफ़
लुत्फ़[2] क्या जब दू-ब-दू[3] होने लगी

1 संदेश-वाहक 2 मज़ा 3 आमने-सामने

मेरी रुस्वाई[1] की नौबत[2] आ गई
उन की शोहरत[3] कू-ब-कू[4] होने लगी

1 बदनामी 2 समय, बारी 3 प्रसिद्धि 4 गली-गली

है तिरी तस्वीर कितनी बे-हिजाब[1]
हर किसी के रू-ब-रू[2] होने लगी

1 बे-पर्दा 2 सामने

ना-उमीदी[1] बढ़ गई है इस क़दर
आरज़ू[2] की आरज़ू होने लगी

1 निराशा 2 कामना

अब के मिल कर देखिए क्या रंग हो
फिर हमारी जुस्तुजू[1] होने लगी

1 तलाश

'दाग़' इतराए हुए फिरते हैं आज
शायद उनकी आबरू[1] होने लगी

1 सम्मान

(आफ़्ताब-ए-दाग़)

ना-रवा[1] कहिए ना-सज़ा[2] कहिए
कहिए कहिए मुझे बुरा कहिए

1,2 अस्वीकार्य, अनुचित

फिर न रुकिए जो मुद्दआ'[1] कहिए
एक के बा'द दूसरा कहिए

1 मत्लब की बात

आप अब मेरा मुंह न खुलवाएँ
ये न कहिए कि मुद्दआ' कहिए

वो भी सुन लेंगे ये कभी न कभी
हाल-ए-दिल सब से जा-ब-जा[1] कहिए

1 जगह-जगह

मुझको कहिए बुरा न ग़ैर[1] के साथ
जो हो कहना जुदा[1] जुदा कहिए

1 रक़ीब 2 अलग

हाथ रख कर वो अपने कानों पर
मुझसे कहते हैं माजरा[1] कहिए

1 कहानी, मामला

होश जाते रहे रक़ीबों के
'दाग़' को और बा-वफ़ा कहिए

(आफ़्ताब-ए-दाग़)

शिक्वा[1] नहीं किसी की मुलाक़ात का मुझे
तुम जानते हो वह्म[2] है जिस बात का मुझे

1 शिकायत 2 संदेह, भ्रम

जाना कि बू-ए-ग़ैर[1] ये पहचान जाएगा
बासी न उसने हार दिया रात का मुझे

1 रक़ीब की गंध

मिल कर तमाम भेद[1] कहूँगा रक़ीब से
आता है ख़ूब तोड़ तिरी घात का मुझे

1 रहस्य

डरना किसी का और वो बिजली का कौंदना
मौसम बहुत पसन्द है बरसात का मुझे

आख़िर वहाँ रक़ीब ने नक़्शा जमा लिया
ऐ 'दाग़' ख़ौफ़[1] था उसी बद-ज़ात[2] का मुझे

1 डर 2 दुष्ट

(आफ़्ताब-ए-दाग़)

गिरह[1] जो पड़ गई रन्जिश[2] में वो मुश्किल[3] से निकलेगी
न उनके दिल से निकलेगी न मेरे दिल से निकलेगी
1 गाँठ 2 दुश्मनी 3 कठिनाई

नहीं दुश्वार[1] कुछ अपने मकाँ[2] से लामकाँ[3] जाना
वहीं पहुँचाएगी जो राह जिस मन्ज़िल से निकलेगी
1 कठिन 2 मकान 3 शून्य जहाँ ख़ुदा रहता है

मिरी कश्ती अगर छूटेगी दरिया-ए-मोहब्बत में
तो सबसे पहले बिस्मिल्लह लब[1]-ए-साहिल[2] से निकलेगी
1 होंठ 2 किनारा

बड़ी सख़्ती से मेरी जान निकली है कई दिन में
यकायक लाश क्योंकर[1] कूचा-ए-क़ातिल[2] से निकलेगी
1 किस तरह 2 क़ातिल की गली

तरशते हैं क़यामत[1] के ग़ज़ब[2] के रात दिन फ़िक़्रे[3]
नई जब बात निकलेगी तिरी महफ़िल से निकलेगी
1,2 ज़बरदस्त 2 वाक्य

रुमूज़-ए-आ'शिक़ी[1] को आ'शिक़ो तुम 'दाग़' से पूछो
कि बारीकी में बारीकी उसी कामिल[2] से निकलेगी
1 प्रेम-रहस्य 2 सिद्ध व्यक्ति

(आफ़्ताब-ए-दाग़)

❁

मिलते ही बेबाक[1] थी वो आँख शर्माई हुई
फिर गई पछता के पलकों तक हया[2] आई हुई
1 निडर, बेक़ैद

हर अदा[1] मस्ताना[2] सर से पाँव तक छाई हुई
उफ़ तिरी काफ़िर[3] जवानी जोश पर आई हुई
1 अन्दाज़ 2 मस्ती में 3 धर्म-ईमान छुड़ाने वाली

मुझको ये दा'वा कोई तेरे सिवा[1] दिल में नहीं
उसका ये इल्ज़ाम[2] अच्छी क़ैद-ए-तन्हाई[3] हुई
1 अतिरिक्त 2 आरोप 3 अकेले क़ैद होना

भोले बन कर उनके मुंह से सुन लिया हाल-ए-रक़ीब
उ'म्र भर में एक ही तो हम से दानाई[1] हुई
1 समझदारी

बोसा[1] ले कर जान डाली ग़ैर की तस्वीर में
ये नया ए'जाज़[2] ये अच्छी मसीहाई[3] हुई
1 चुंबन 2 चमत्कार 3 मुर्दों को जिलाना

देख कर क़ातिल की आमद[1] 'दाग़' दिल में शाद[2] शाद
और ग़म-ख़्वारों[3] के मुंह पर मुर्दनी छाई हुई
1 आना 2 ख़ुश 3 दुख बाटने वाले

(आफ़ताब-ए-दाग़)

❁

नफ़रत[1] है हर्फ़-ए-वस्ल[2] से अच्छा युँहीं सही
लो आओ और बात सुनो वो नहीं सही

1 घृणा 2 मिलन की बात

छोड़ूँगा मैं न हाथ चले आओ साथ साथ
नाज़ुक[1] कलाई दुखती है तो आस्तीं[2] सही

1 कोमल 2 आस्तीन

मश्क़-ए-जफ़ा[1] के वास्ते किसकी तलाश है
कोई अगर नहीं है तो ये कमतरीं सही

1 अत्याचार का अभ्यास 2 तुच्छ व्यक्ति

इक़्रार[1] करके घूरते हो क्यों मिरी तरफ़
बावर[2] सही यक़ीन[3] सही दिल-नशीं[4] सही

1 स्वीकृति, स्वीकार करना 2,3 विश्वास 4 दिल पर असर करने वाला

बेदाद[1] करके चाहते हो फिर जफ़ा[2] की दाद[3]
बेहतर[4] बजा[5] दुरुस्त[6] सहीह[7] आफ़रीं[8] सही

1,2 अत्याचार 3 प्रशंसा 4,5,6,7 ठीक 8 बहुत अच्छा, बधाई हो

सज्दे[1] ही करते जाएँगे हम तेरी राह में
है नक़्श-ए-पा[2] से आ'र[3] तो नक़्श-ए-जबीं[4] सही

1 माथा टेकना 2 पद-चिन्ह 3 लज्जा 4 माथे का निशान

बे-दिल-लगी भी 'दाग़' गुज़रनी मुहाल[1] है
वो दिल नहीं सही वो तमन्ना[2] नहीं सही

1 कठिन, असंभव 2 कामना

(महताब-ए-दाग़)

एक तूफ़ाँ है ग़म-ए-इ'श्क़[1] में रोना क्या है
नहीं मा'लूम कि अन्जाम[2] को होना क्या है

1 प्रेम-दुख 2 अंत में

देख कर साँवली सूरत तिरी यूसुफ़[1] भी कहे
चटपटा हुस्न[2] नमक-दार सलोना क्या है

1 यूसुफ़ एक पैग़म्बर जो बहुत सुंदर थे 2 सौंदर्य

चार बातें भी कभी आपने घुल मिल के न कीं
इन्हीं बातों का है रोना मुझे रोना क्या है

काश मिल जाए तिरा साया-ए-दीवार[1] हमें
ओढ़ना क्या है फ़क़ीरों[2] का बिछौना क्या है

1 दीवार की छाया 2 सूफ़ी-संत / मस्त क़लन्दर लोग

उसकी ठोकर से भी कम-बख़्त[1] न जागा अफ़्सोस
मौत है 'दाग़'-ए-सियह-मस्त[2] का सोना क्या है

1 अभागा 2 नशे में चूर

(महताब-ए-दाग़)

आरज़ू[1] है वफ़ा[2] करे कोई
जी न चाहे तो क्या करे कोई

1 चाहत 2 प्रेम

चाह से आप को तो नफ़रत है
मुझ को चाहे ख़ुदा करे कोई

उस गिले[1] को गिला नहीं कहते
गर मज़े का गिला करे कोई

1 शिकायत

कहते हैं हम नहीं ख़ुदा-ए-करीम[1]
क्यों हमारी ख़ता[2] करे कोई

1 दयावान ईश्वर 2 ग़लती

जिस में लाखों बरस की हूरें हों
ऐसी जन्नत का क्या करे कोई

इस जफ़ा[1] पर तुम्हें तमन्ना[2] है
कि मिरी इल्तिजा[3] करे कोई

1 अत्याचार 2 कामना 3 याचना

मुंह लगाते ही 'दाग़' इतराया
लुत्फ़ है फिर जफ़ा करे कोई

(महताब-ए-दाग़)

ख़ूब ही चलती हुई वो नर्गिस-ए-मस्ताना[1] है
आश्ना[2] से आश्ना बेगाने[3] से बेगाना है

1 मस्त नर्गिस (फूल) / मा'शूक़ 2 दोस्त, मा'शूक़, 3 अजनबी

आते जाते हैं नए हर रोज़ मुर्ग़-ए-नामा-बर[1]
बन्दा-पर्वर[2] आपका घर भी कबूतर-ख़ाना है

1 पत्र वाहक परिन्दे 2 भक्त-वत्सल

फ़ातिहा[1] पढ़ने को आया था मगर वो शम्अ'-रू[2]
आज मेरी क़ब्र का जो फूल है पर्वाना है

1 किसी की आत्मा की शांति के लिए क़ुरान पढ़ना 2 शम्अ' जैसा रौशन-चेहरा मा'शूक़

पा-ए-साक़ी[1] पर गिराया जब गिराया है मुझे
चाल से ख़ाली कहाँ ये लग़्ज़िश-ए-मस्ताना[2] है

1 शराब पिलाने वाले का पाँव 2 मस्ती भरी लड़खड़ाहट

मुझको ले जा कर कहा नासेह[1] ने उनके रू-ब-रू[2]
आपके सर की क़सम ये आपका दीवाना है

1 उपदेशक 2 सामने

'दाग़' ये है कू-ए-क़ातिल[1] मान नादाँ ज़िद न कर
उठ यहाँ से आ इधर घर बैठ कुछ दीवाना है

1 क़ातिल की गली 2 नासमझ

(महताब-ए-दाग़)

❁

ग़ैर हो नाशाद[1] क्यों कैसी कही
चाहता हूँ दाद[2] क्यों कैसी कही
1 दुखी 2 प्रशंसा

पहले गाली दी सवाल-ए-वस्ल[1] पर
फिर हुआ इर्शाद[2] क्यों कैसी कही
1 मिलन की माँग 2 कहना

तुमने दिल की बात क्यों कैसी सुनी
हमने ये रूदाद[1] क्यों कैसी कही
1 वृत्तांत

माँगते थे मेरे मिलने की दुआ'
वो भी दिन हैं याद क्यों कैसी कही

तू भी ऐ नासेह[1] किसी पर जान दे
हाथ ला उस्ताद क्यों कैसी कही
1 उपदेशक

'दाग़' तुझको बाग़-ए-जन्नत हो नसीब[1]
ख़ानुमाँ-बर्बाद[2] क्यों कैसी कही
1 प्राप्त 2 अपना घर बर्बाद करने वाला

(महताब-ए-दाग़)

❁

बज़्म-ए-दुश्मन[1] में तिरे हमको नज़ारे होते
और इस बात के आँखों में इशारे होते
1 रक़ीब की महफ़िल

फ़ूल थे ग़ैर[1] की क़िस्मत में अगर ऐ ज़ालिम[2]
तूने पत्थर ही मुझे फेंक के मारे होते
1 रक़ीब 2 अत्याचारी / मा'शूक़

ज़ुल्फ़ें बिखरी हुई तुमने जो सँवारीं तो क्या
काम बिगड़े हुए आ'शिक़ के सँवारे होते

चार दिन भी न रक़ीबों से निभी देख लिया
जो हमारे न हुए कब वो तुम्हारे होते

इम्तिहाँ-गाह-ए-मोहब्बत[1] में न ठहरे अग़्यार[2]
यूँ न घबराते अगर दिल के करारे होते
1 प्रेम का परिक्षा-गृह 2 रक़ीब

बेनियाज़ी[1] की अदा उनमें न होती हर्गिज़[1]
'दाग़' ये बुत जो न अल्लाह को प्यारे होते
1 निर्लिप्तता 2 कभी नहीं

(महताब-ए-दाग़)

हम अपने ही सर लेंगे मुसीबत[1] हो किसी की
आएगी इसी जान प आफ़त[2] हो किसी की
1, 2 विपत्ति

हम लुत्फ़[1] के रुत्बे[2] को अभी जाँच रहे हैं
दिल दें अगर ऐसी ही इ'नायत[3] हो किसी की
1 मोहब्बत 2 पद 3 कृपा

क्यों वस्ल[1] की शब[2] हाथ लगाने नहीं देते
मा'शूक़ हो या कोई अमानत[3] हो किसी की
1 मिलन 2 रात 3 धरोहर

ऐ नामाबर[1] अहवाल-ए-ग़म-ए-हिज्र[2] तो लिख दूँ
ऐसा न हो मेरी ही सी हालत हो किसी की
1 पत्र वाहक 2 जुदाई के दुख का हाल

लड़ना कभी मिलना कभी आना कभी जाना
तुम शोख़[1] हो या शोख़ तबीअ'त[2] हो किसी की
1 चंचल 2 स्वभाव

लो रहने दो तस्कीं[1] के लिए ग़ैर[2] की तस्वीर[3]
शायद जो न हूँ मैं तो ज़रूरत हो किसी की
1 सांत्वना 2 रक़ीब 3 चित्र

ये 'दाग़' हमारी नहीं सुनता नहीं सुनता
ऐसी भी इलाही[1] न बुरी मत[2] हो किसी की
1 या ख़ुदा 2 बुद्धि

(महताब-ए-दाग़)

BOOKS

रेख़्ता बुक्स के प्रकाशन

देवनागरी

1 क़श्क़ा खींचा दैर मैं बैठा	फ़रहत एहसास
2 अब मैं अक्सर मैं नहीं रहता	अनवर शुऊ'र
3 मौसम इतना सर्द नहीं था	ज़ुल्फ़िक़ार आ'दिल
4 खिड़की तो मैंने खोल ही ली	शारिक़ कैफ़ी
5 ग़ज़ल उसने छेड़ी (खंड 1,2,3,4,5,6)	संकलनः फ़रहत एहसास
6 सुब्ह-बख़ैर ज़िन्दगी	अमीर इमाम
7 अकेलेपन की इन्तिहा	जमाल एहसानी
8 सभी रंग तुम्हारे निकले	सालिम सलीम
9 तिरी सदा का इन्तिज़ार	ख़लीलुर्रहमान आ'ज़मी
10 इक शाम तुम्हारे हिस्से की	काशिफ़ ग़ाइर
11 रौशनी जारी करो	मनीष शुक्ला
12 लिफ़ाफ़े में रौशनी	मोहम्मद अ'ल्वी
13 मन्ज़र-ए-शब-ताब	इ'रफ़ान सिद्दीक़ी
14 मिट्टी की सुंदरता देखो	सर्वत हुसैन
15 आख़िरी इ'श्क़ सबसे पहले किया	नो'मान शौक़
16 शाम के बा'द कुछ नहीं	शाहीन अ'ब्बास
17 गुलशन	मुज़्तर ख़ैराबादी
18 मोहब्बत जब नहीं होगी	आफ़्ताब हुसैन
19 किताब गुमराह कर रही है	शहराम सरमदी

20 जिस्म का बर्तन सर्द पड़ा है	अमीर हमज़ा साक़िब
21 ग़ज़ल का शोर	ज़फ़र इक़बाल
22 क़ाफ़िला-ए-नौ[illegible]ार	संकलनः विकास शर्मा राज़
23 मौजूद की निस्बत से	महेन्द्र कुमार सानी
24 दुख नए कपड़े बदल कर	शारिक़ कैफ़ी
25 इन्तिख़ाब-ए-ज़ौक़	संकलनः फ़रहत एहसास
26 उदसी बाल खोले सो रही है	नासिर काज़मी
27 इन्तिख़ाब-ए-दाग़	संकलनः फ़रहत एहसास

उर्दू

1 आख़िरी पहर की दस्तक	शमीम हन्फ़ी
2 औराक़-ए-ख़िज़ानी	अहमद मुश्ताक़
3 वाहिमा वजूद का	सालिम सलीम
4 गुलशन	मुज़्तर ख़ैराबादी

संपर्क

रेख़्ता फ़ाउन्डेशन
बी-37, सेक्टर – 1
नोएडा, यू.पी. – 201301

हमारी पुस्तकें amazon पर भी उपलब्ध हैं।